Erich Fromm

Authentisch leben

Das Buch

Authentisch sein: wissen, was die eigene Person ausmacht, sich nicht von außen leiten lassen. Und erkennen, wo die Qualitäten in anderen Menschen liegen und in unserer Umgebung. Je mehr unsere Welt von virtuellen Wirklichkeiten bestimmt wird, desto mehr sehnen wir uns nach dem, was authentisch ist. Erich Fromm hat schon lange vor den „virtuellen Welten" erkannt, was Menschen verlieren, wenn sie sich in den vielen inszenierten Wirklichkeiten verirren, sie eintauschen gegen das, was ihnen eigentlich angemessen ist und entspricht. Die seelischen Folgen: Langeweile, Depressivität und Flucht in Scheinwirklichkeiten. In seinen eindrucksvollen Texten wird deutlich, wie es gelingt, an die eigenen Kräfte zu kommen. Wenn wir uns auf das konzentrieren, was unsere Wirklichkeit ausmacht, können wir auch die eigenen Möglichkeiten, die in uns stecken, realisieren. An die Stelle der Langeweile, der Zerstreuung und Depressivität kann Freude treten. Denn: „Freude ist das Ergebnis intensiven Lebens" (Erich Fromm). Dieses Buch lädt dazu ein.

Der Autor

Erich Fromm (1900-1980), Psychotherapeut und Sozialwissenschaftler, ist einer der wegweisenden Gestalten der letzten 100 Jahre. Er wurde in Frankfurt am Main geboren, studierte Soziologie und Psychoanalyse, emigrierte 1933 in de USA, siedelte 1950 nach Mexiko über und verbrachte die Jahre von 1974 bis zu seinem Tod 1980 in der Schweiz. Vor allem seine Bücher „Die Kunst des Liebens" und „Haben oder Sein" wurden weltberühmt. Bei Herder Spektrum: Die Kunst des Lebens. Zwischen Haben und Sein; Die Antwort der Liebe. Die Kunst des richtigen Lebens.

Der Herausgeber

Rainer Funk, Dr. phil., promovierte über Fromms Denken und hat als sein Assistent die Entstehung des Buches „Haben oder Sein" im Einzelnen mitvollzogen. Er ist Herausgeber der „Erich Fromm Gesamtausgabe" und der „Schriften aus dem Nachlaß". Er arbeitet als Psychoanalytiker in freier Praxis in Tübingen und verwaltet die Rechte und den Nachlaß Erich Fromms.

Erich Fromm

Authentisch leben

Herausgegeben von Rainer Funk

HERDER

FREIBURG · BASEL · WIEN

HERDER spektrum Band 5691

MIX
Papier aus verantwortungsvollen Quellen
FSC
www.fsc.org
FSC® C083411

Originalausgabe

10. Auflage 2015
(17. Gesamtauflage)

www.herder.de

Umschlagkonzeption und -gestaltung:
R·M·E München / Roland Eschlbeck, Liana Tuchel
Umschlagmotiv: © Premium

Satz: DTP-Studio Helmut Quilitz, Denzlingen
Herstellung: CPI books GmbH, Leck

Printed in Germany

ISBN 978-3-451-05691-8

Inhalt

Einleitung

von Rainer Funk

Wir sind heute Zeugen einer alle Lebensbereiche erfassenden Entwicklung, die eine neue Epoche anzeigt. Bis zur Neuzeit haben sich die Menschen in erster Linie so verstanden, daß sie sich selbst einer sie transzendierenden Macht verdanken. Die Renaissance des 15. Jahrhunderts entdeckte dann zunächst das Interesse an der Würde des Menschen, bis die Aufklärungsphilosophen den Menschen lehrten, daß sie ihre Existenz sich selbst verdanken und sie sich deshalb von ihrer selbstverschuldeten Unmündigkeit verabschieden und autonome Subjekte werden sollten. Die eigene Wirklichkeit und die Wirklichkeit außerhalb des eigenen Selbst werden vom Subjekt entworfen, bleiben jedoch gleichzeitig etwas Eigenständiges („Objektives"), das es zu erkennen gilt und auf das man mit seinen geistigen, körperlichen und gefühlshaften Wahrnehmungskräften bezogen zu sein hat. Mit dieser Sicht von selbstverdanktem und aufgegebenem Wirklichkeitsbezug entwickelten sich die Natur- und Humanwissenschaften und ermöglichten ungeahnte Einsichten in die Gesetzmäßigkeiten der Natur, des Lebens und des Menschen.

Diese Sicht und Wahrnehmung der Wirklichkeit wird in der Postmoderne durch ein Verständnis abgelöst, bei dem Wirklichkeit hergestellt, erschaffen, erzeugt wird. Dabei wird der Anspruch, die erzeugte Wirklichkeit an einer vorgegebenen Wirklichkeit zu messen, zunehmend vernachlässigt, ja zum Teil ausdrücklich verneint bzw.

bewußt umgangen. Letzteres läßt sich auf allen Ebenen beobachten: Die künstlichen Welten der Unterhaltungsindustrie sind aufregender und spannender als das Erleben der Natur oder die Beziehung zu Kindern; die vermittelte Nachricht ist glaubwürdiger als die selbst ermittelte; die über das Internet hergestellte Beziehung zu unbekannten Menschen in Australien und Kalifornien ist attraktiver als die zum Nachbarn. In den vom Menschen geschaffenen virtuellen Welten fühlt man sich mehr zu Hause als in den eigenen vier Wänden. Die Faszination für Drogen, suggestive und manipulative Techniken sowie für halluzinogene Wirkstoffe erklärt sich aus der Bevorzugung selbst erzeugter Wirklichkeit und Wirklichkeitswahrnehmung.

Sozialpsychologisch gesehen hat die heute um sich greifende Attraktivität inszenierter Wirklichkeit ihren Grund vor allem in dem durch das allgegenwärtige Marketing bestimmten Bedürfnis des gegenwärtigen Menschen, sich zu vermarkten, „gut drauf" zu sein, beim anderen gut ankommen zu wollen und sich gleichzeitig einer schwierig, konflikthaft, destruktiv, enttäuschend oder sonstwie unpäßlich erlebten Wirklichkeits- und Selbstwahrnehmung zu entziehen.

Von besonderer Bedeutung ist dabei die Möglichkeit, auch die eigene Wirklichkeit – das Selbst und das Selbsterleben – zu inszenieren. Die Wahrnehmung des eigenen Selbst orientiert sich dann nicht mehr am eigenen So-Sein, sprich an den eigenen Bedürfnissen, Befindlichkeiten, Gefühlen und Fähigkeiten; vielmehr gilt es, die eigene Persönlichkeit und den eigenen Charakter zu inszenieren und sich eine Ich-Identität von außen anzueignen. Man zieht sich ein bestimmtes Persönlichkeitsprofil über, die Rolle des Erfolgreichen, Selbstbewußten, Selbstsicheren, Einfühlsamen, Rationalen, mit Charisma Ausgestatteten usw. und bringt diese möglichst perfekt zur Darstellung.

Die Identifizierung mit dem inszenierten Selbsterleben kann so weit gehen, daß für den Betreffenden wie für seine Umwelt nur noch mit Mühe erkennbar ist, wer er nun wirklich ist und was an ihm echt ist, weil er die Rolle so „authentisch" spielen kann, daß sein authentisches So-Sein völlig verschwunden ist. Sein Selbsterleben ist das eines hypnotisierten Menschen, der sein Tun als aus seinem *eigenen* Wollen, Fühlen und Denken resultierend erlebt. Er hat meist keinen direkten Zugang mehr dazu, daß er ein Opfer von suggestiven Kräften geworden ist. Im Gegenteil, er wird die Frage danach, was er in Wirklichkeit sei, als altmodisch zurückweisen, weil es so etwas wie eine „Natur" oder ein „Wesen" des Menschen oder ein authentisches Selbstsein in Wirklichkeit nicht gebe. Wirklich ist nur, was inszeniert ist. Warum noch nach einem authentischen Leben suchen?

Das Problem verschärft sich, wenn das entfremdete Selbsterleben das Ergebnis von kollektiven Suggestionen ist, weil dann viele Menschen das gleiche Selbsterleben haben. Es gibt dann kaum noch einen Anlaß, das, was sie als ihr ureigenstes Denken, Fühlen und Handeln erleben, als Produkt kollektiver Suggestionen in Frage zu stellen, weil ja alle davon überzeugt sind, ganz authentisch zu leben, wenn sie ihre Rolle perfekt spielen.

Daß ein Leben aus einem inszenierten Selbst nicht glatt und bruchlos möglich ist, verdanken wir vor allem unserer Psyche, die – zum Glück und für viele leidvoll erfahrbar – nicht alles mit sich machen läßt. Wir alle haben ein besseres Wissen um das menschliche Gelingen. Doch dieses kann ignoriert, das heißt verdrängt und verleugnet werden. Dieses bessere Wissen hat Erich Fromm mit verschiedenen

Begriffen zu fassen versucht. Er sprach von Spontaneität und spontanem Tätigsein oder von der produktiven Orientierung, um deutlich zu machen, daß, was immer der Mensch denkt, fühlt und handelt, aus eigenem Antrieb *(sua sponte)* und mit Hilfe der dem Menschen eigenen geistigen, psychischen und körperlichen Fähigkeiten aus ihm herausgeführt *(pro-ducere)* wird. Er sprach vom „ursprünglichen" Menschen und vom „kreativen", um gegen alle Fremdbestimmung und Suggestion zu verdeutlichen, daß die Lebensäußerungen etwas „Selbsttätiges" sind, also ihren „Ursprung" im eigenen „Sein" (und nicht im „Haben" und Aneignen) haben müssen und so eine „schöpferische" Qualität haben. Nur wenn diese Eigengesetzlichkeit menschlichen Lebens und psychischen Wachstums beachtet wird, kommt es zu einem authentischen Selbsterleben und lebt der Mensch authentisch, weil er der Autor, der Urheber, das Subjekt seines Menschseins ist.

Wird gegen diese Grundoption für ein authentisches Leben verstoßen, dann kommt es zu Störungen und Leidenszuständen: Menschen fühlen sich gelangweilt, phantasielos, depressiv, innerlich leer und antriebslos. Spürt man diesen negativen Gefühlen des Selbsterlebens nach, so zeigt sich ein tiefreichendes Ohnmachtsgefühl, das umso ausgeprägter ist, je weniger ein Mensch aus seiner ihm eigenen Stärke zu leben imstande ist. Aber auch das Erleben dieser ohnmächtigen Gefühle kann aus dem Bewußtsein verbannt werden, indem man sich beleben läßt durch die Erlebnisangebote inszenierter Wirklichkeit. Oft brechen die Ohnmachtsgefühle erst dann durch, wenn das inszenierte Leben nachläßt oder Schwächen zeigt und die kollektive Hypnose nicht mehr richtig wirkt. Manchmal kehren sie in psychosomatischen Erkrankungen wieder, die einen dann die ganze Ohnmacht spüren lassen, oder werden in zwanghaften, phobischen, suchthaften, kontrollierenden neurotischen Verhaltensweisen gebunden. Solche neurotischen oder psychosomatischen Symptombildungen zwingen einen nicht, das unerträgliche Ohnmachtsgefühl spüren zu müssen. Der Preis aber sind psychische und körperliche Leidenszustände.

Solche Leidenszustände sind meist schmerzvolle Hinweise darauf, daß Menschen nicht authentisch leben und keinen Zugang mehr zu ihrem besseren Wissen um sich selbst haben. Dieses ist verdrängt worden und spricht oft nur noch in den Träumen der Menschen eine eindeutige Sprache. Und doch läßt sich authentisches Leben wiedererlernen, indem man sich auf seine ursprünglichen Kräfte besinnt, ihnen Raum gibt, sie praktiziert.

Die in diesem Band versammelten Beiträge Erich Fromms sind ein Plädoyer für das Wagnis eines authentischen Lebens. Im ersten Kapitel zeichnet Fromm ein Psychogramm des gegenwärtigen Menschen, indem er die Probleme der Gegenwart mit jenen des 19. Jahrhunderts kontrastiert. Zwischen einem authentischen und entfremdeten Leben kann man nur unterscheiden, wenn es etwas Unbeliebiges im Menschen gibt. Nur wenn menschliches Leben, so zufällig und gestaltbar es im Laufe der Geschichte ist, eine sich durchhaltende Eigengesetzlichkeit zeigt, kann man sinnvoll und kritisch von authentischem Leben sprechen. Eben dies rechtfertigt die Frage nach dem „Wesen" oder der „Natur" des Menschen. Fromms Gang durch die Geschichte der Philosophie sowie seine eigene Antwort auf diese Frage zeigen, daß er gerade nicht einem naturalistischen Fehlschluß erliegt, wie man ihm bisweilen unterstellt. Die Frage nach dem Wesen des Menschen wird im dritten Kapitel anhand verschiedener Verständnisse von

Freiheit vertieft, denn erst die Entwicklung eines individuellen Selbst ermöglicht Authentizität als etwas unverwechselbar Eigenes.

Auch wenn heute unter Spontaneität meist nur unkontrollierte Impulshaftigkeit verstanden wird, so sind doch Spontaneität und spontanes Tätigsein Kennzeichen von Freiheit und Selbstsein. Hiervon und von spontaner Liebe und Arbeit wird zunächst im vierten Kapitel gesprochen, bevor Fromm aufweist, wie durch die Erziehung spontanes Fühlen vereitelt wird und Sentimentalität und Pseudo-Gefühle etabliert werden. Auch verdeutlicht er, wie es zu Pseudo-Denken und zu Pseudo-Wollen kommt. Im fünften Kapitel zeigt Fromm auf, wie es heute auf Grund des Zwangs, seine Persönlichkeit verkaufen zu müssen, zum Verlust des Selbst kommt. Er verdeutlicht die Dynamik dieses Selbstverlusts mit hypnotischen Experimenten und erläutert, wie wir versuchen, unser Pseudo-Denken als authentisches Denken zu rationalisieren.

Das sechste Kapitel widmet sich ganz dem Gefühl der Ohnmacht als einer Folge der Unfähigkeit, authentisch zu leben. Mit der Kompetenz des erfahrenen Psychoanalytikers zeigt Fromm in diesem Beitrag aus dem Jahr 1937(!) zunächst auf, wie Ohnmachtsgefühle rationalisiert werden, um dann von jenen Reaktionen und Reaktionsbildungen zu sprechen, die bei der Verdrängung des Ohnmachtsgefühls besonders häufig vorkommen: von Aktivismus, einem allgegenwärtigen Kontrollbedürfnis und einer ohnmächtigen Wut, die meist auf andere projiziert wird, so daß man sich nicht mehr von seiner eigenen ohnmächtigen Wut bedroht fühlt, sondern von der Umwelt. Schließlich handelt er davon, wie es entwicklungspsychologisch zur Entstehung des Gefühls der Ohnmacht kommt: daß das Kind nicht ernstgenommen wird und daß – zumindest in autoritären Strukturen – versucht wird, den Willen des Kindes zu brechen.

Das abschließende, siebte Kapitel gibt Hinweise, wie sich authentisches Leben wiedererlernen läßt: indem man wirklich zu sehen anfängt, wieder staunen kann, sich selbst in Erfahrung bringt und konfliktfähig wird. An welchen Fähigkeiten jemand auch ansetzt, es kommt einzig darauf an, mit Hilfe eigener Kräfte sich und die Wirklichkeit wahrzunehmen und auf sie zu reagieren.

Obwohl die Beiträge aus einer Zeitspanne von über dreißig Jahren stammen, zeigen sie nicht nur eine innere Konsistenz, sondern eine ungeahnte Aktualität und Fromms Leistung, gesellschaftliche Entwicklungen in ihrer psychischen Dynamik schon frühzeitig erkannt zu haben.

1
„Der Mensch erlebt sich selbst nicht mehr als etwas Eigenes"

Das gegenwärtige intellektuelle Klima ist von einem Relativismus in der Ethik gekennzeichnet. Im allgemeinen wird die Auffassung vertreten, Werte besäßen nur deshalb Gültigkeit, weil sie innerhalb einer bestimmten Kultur von der Gesellschaft akzeptiert werden. Die Normen des Kopfjägers erfüllen ihren Zweck bei den Kopfjägern, und das Gesetz der Nächstenliebe erfüllt seinen Zweck bei den Kulturen, die diese Norm akzeptiert haben. Die meisten Sozialwissenschaftler vertreten den Standpunkt, daß Werte und Normen keine allgemeine, objektive, universale Gültigkeit besitzen. Wenn ich nun hier über das ethische Problem des modernen Menschen spreche, könnte das so klingen, als ob ich diese Einstellung teilte. Das ist aber keineswegs der Fall. Ich bin ganz im Gegenteil davon überzeugt, daß es gewisse Grundnormen und -werte für das Leben gibt, die vor Tausenden von Jahren von allen großen geistigen Führern der Menschheit mit einer bemerkenswerten Übereinstimmung erkannt wurden, obgleich diese untereinander keinen Kontakt hatten. Diese Werte besitzen für alle Menschen Gültigkeit und sind in der Natur des Menschen selbst, in den Bedingungen seiner Existenz begründet. Dies setzt natürlich die Annahme voraus, daß es so etwas wie den Menschen überhaupt gibt, nicht nur – wovon wir alle überzeugt sind – im physiologischen oder anatomischen Sinne, sondern auch im geistigen und psychologischen. Wir können also von einer Natur, von einem

Wesen des Menschen als von einer definierbaren und nachweisbaren Größe sprechen. Dies ist eine weitere Annahme, von der ich fürchte, daß sie nicht von den meisten heutigen Sozialwissenschaftlern geteilt wird.

Leider kann ich hier nicht im einzelnen ausführen, was ich unter der „Natur des Menschen" verstehe. Da Worte ohne entsprechende Beispiele bedeutungslos bleiben, möchte ich dazu einige Beobachtungen anführen.

Der Mensch ist eine Laune der Natur. Er ist das einzige Lebewesen, das sich seiner selbst bewußt ist. Er ist das einzige Wesen, das innerhalb der Natur lebt und sie gleichzeitig transzendiert. Der Mensch ist sich seiner selbst, seiner Vergangenheit und seiner Zukunft bewußt. Der Mensch lebt nicht nur instinktiv, so wie es das Tier tut. Er ist weitgehend aus der Natur entwurzelt und steht vom Augenblick seiner Geburt an vor dem Problem, eine Frage zu beantworten, die das Leben ihm stellt: Was sollen wir aus unserem Leben machen? Wohin gehen wir? Welchen Sinn geben wir dem Leben? Soweit ich sehen kann, ist dies nur *eine* Frage, und es gibt nur wenige Antworten darauf. Diese Antworten sind in der Geschichte der Menschheit zu verschiedenen Zeiten an verschiedenen Orten wiederholt worden. Man hat sie bald in dieser, bald in jener Form in Begriffe gefaßt, und nur wenige Antworten tauchen in der gleichen Form immer wieder auf. Man könnte sagen, die Geschichte der Religion und die Geschichte der Philosophie seien tatsächlich die Geschichte oder das System dieser wenigen möglichen Antworten. Aber wir alle müssen eine Antwort geben, und welches Leben wir führen, hängt ab von der Antwort, die wir geben.

Ich möchte an einem Beispiel verdeutlichen, was ich meine. Der Mensch muß zu seinen Mitmenschen und zur Natur in Beziehung treten. Der völlig beziehungslose

Mensch ist wahnsinnig, ja man kann den Wahnsinn gerade so definieren, daß man sagt, er sei der Zustand eines völlig beziehungslosen Menschen. Die Bezogenheit auf andere Menschen kann nun aber ganz verschieden aussehen. Für sie kann Unterwerfung, Machtausübung oder eine Marketing-Orientierung typisch sein. Bei der Marketing-Orientierung besteht die Bezogenheit aus einem ständigen Tausch, so wie man auf dem Markt Gebrauchswaren tauscht. Man kann aber auch zum anderen Menschen in liebender Weise bezogen sein. Diese Art ist angesichts der Natur des Menschen die einzig befriedigende Art, weil die Liebe die einzige Form der Bezogenheit ist, die gleichzeitig die Integrität und die Wirklichkeit der Beteiligten wahrt. Man kann auch „lieben", indem man sich dem anderen unterwirft, oder indem man über ihn Macht ausübt; dann aber verlieren beide – derjenige, der sich dem anderen unterwirft, wie derjenige, unter dessen Macht er steht – ihre Integrität und die grundlegende menschliche Eigenschaft der Unabhängigkeit. Bei der echten Liebe bleiben Bezogenheit auf den anderen und Integrität erhalten.

Die vorstehenden Aussagen machen deutlich, daß das ethische Problem für den Menschen immer das gleiche ist. Es gibt kein echtes ethisches Problem nur für ein bestimmtes Land oder nur für ein bestimmtes Alter. Es gibt besondere Verhältnisse, in denen Menschen leben und durch die sie sich unterscheiden, und deshalb ergeben sich unterschiedliche Aspekte ein und desselben ethischen Problems, die ich hier erörtern möchte.

Heute machen die meisten Menschen einen Fehler, den die Franzosen im Zweiten Weltkrieg machten, als sie glaubten, ihn mit der Taktik und Strategie des Ersten Weltkriegs führen zu können: Die meisten Menschen schauen heute auf die ethischen Probleme der letzten Generation oder des vergangenen Jahrhunderts zurück, sie blicken auf die Laster und Sünden der Vergangenheit, um freudig feststellen zu können, daß wir diese Laster und Sünden überwunden haben. Gleichzeitig schließen sie daraus, daß wir unsere eigenen ethischen Probleme heute größtenteils gelöst hätten. In Wirklichkeit sehen wir uns heute mit ebenso schweren ethischen Problemen konfrontiert, die nur anders aussehen als in der Vergangenheit. Dies soll im folgenden aufgezeigt werden.

Welches waren die Laster des neunzehnten Jahrhunderts? Ein erstes war der *Autoritarismus*, die Forderung nach blindem Gehorsam. Von den Kindern verlangte man ebenso wie von den Frauen und Arbeitern, daß sie den Autoritäten blindlings gehorchten, ohne über deren Befehle nachzudenken und ohne Fragen zu stellen. Ungehorsam war etwas in sich Sündhaftes.

Ein zweites Laster war die *Ausbeutung*, und zwar die rohe Ausbeutung. Heute mögen wir uns darüber wundern, daß es noch kurz vor dem neunzehnten Jahrhundert möglich war, daß sich die Damen und Herren der guten Gesellschaft mit dem Sklavenhandel abgaben, daß die Neger im Kongo skrupellos ausgebeutet wurden, und daß Kinder in den Fabriken schamlos ausgenutzt wurden. Dies waren die Laster und ethischen Probleme des neunzehnten Jahrhunderts, die wir fast vergessen haben und an die wir uns heute nur mit Verwunderung erinnern.

Ein drittes Laster des neunzehnten Jahrhunderts war die *mangelnde Gleichberechtigung* der Geschlechter und Rassen. Man war überzeugt, daß diese Ungleichheit wohl begründet war, daß sie dem Wort Gottes entsprach, und man interessierte sich in keiner Weise für die offensichtlichen Widersprüche, die zwischen dem Wort Gottes und einer derartigen Ungleichheit unter den Menschen bestand.

Geiz und Horten waren das vierte Laster des neunzehnten Jahrhunderts, denn für die Mittelklasse galt das Sparen als größte Tugend. Man wurde reich, wenn man hortete, sparte, sein Geld zusammenhielt, nichts ausgab. Auch wenn dies heute nicht mehr als Tugend gilt, so war dies doch im neunzehnten Jahrhundert so.

Schließlich ist der *egozentrische Individualismus* des neunzehnten Jahrhunderts zu nennen. Typisch hierfür ist ein Satz von Freud, den dieser im Zusammenhang mit dem Gebot „Liebe deinen Nächsten wie dich selbst" äußert (S. Freud, 1930a, S. 468): „Warum sollen wir das? Was soll es uns helfen? Vor allem aber, wie bringen wir das zustande?... Ich tue sogar unrecht damit, denn meine Liebe wird von all den Meinen als Bevorzugung geschätzt; es ist ein Unrecht an ihnen, wenn ich den Fremden ihnen gleichstelle." Freud hat hier mit Mut ausgesprochen, was damals viele Menschen empfanden, ohne es so klar auszudrücken: „*My home is my castle* – ich bin ich; nimm dich in acht, Fremder!"

Vielleicht gab es noch mehr Laster im neunzehnten Jahrhundert, doch sehen wir jetzt nach, was aus diesen Lastern inzwischen geworden ist.

Den *Autoritarismus* gibt es heute nicht mehr in der gleichen Weise wie im neunzehnten Jahrhundert. Die Autoritäten des neunzehnten Jahrhunderts sind aus den Vereinigten Staaten und aus einigen anderen Teilen der Welt fast völlig verschwunden. Wenn jemand Angst hat, dann sind es eher die Eltern, die vor den Kindern Angst haben, als umgekehrt – und das aus einem sehr einfachen Grunde. Heute ist man allgemein der Auffassung, daß das Neueste auch das Beste sein müsse. Da die Kinder immer neuer sind und mehr über die letzten Neuigkeiten wissen als ihre Eltern, müssen die Eltern nun von ihnen lernen.

Bevor ich auf die Frage der Autorität als ethisches Problem der Gegenwart zu sprechen komme, muß ich einige theoretische Erklärungen zum Begriff der Autorität vorausschicken. Es ist sinnvoll, zwischen rationaler und irrationaler Autorität zu unterscheiden. *Irrationale Autorität* geht immer mit Angst und Ausübung von Druck auf der Grundlage einer emotionalen Unterwerfung einher. Es ist dies die Autorität des blinden Gehorsams, die Art von Autorität, die man am deutlichsten ausgeprägt in allen totalitären Ländern findet.

Aber es gibt noch eine andere Art, die *rationale Autorität,* worunter ich jede Art von Autorität verstehe, die sich auf Kompetenz und Wissen gründet, die Kritik zuläßt und die ihrer Natur nach dazu tendiert abzunehmen, die sich nicht auf die emotionalen Faktoren von Unterwerfung und Masochismus gründet, sondern auf die realistische Anerkennung der Kompetenz eines Menschen, etwa in seinem Beruf. Wenn ich auf einem Schiff bin und eine kritische Situation eintritt und der Kapitän seine Befehle erteilt, dann werde ich mich auf keine Diskussion mit ihm einlassen. Ich werde mich seinen Anordnungen fügen, weil ich annehme und weil ich Grund zur Annahme habe, daß er kompetent ist. Wenn ich einen kompetenten Arzt aufsuche, so erkenne ich seine rationale Autorität an, weil ich überzeugt bin, daß er etwas von seinem Fach versteht und ich mich deshalb nach seinen Anordnungen richten muß. Dynamisch gesehen, handelt es sich hier um eine völlig andere Art von Autorität als bei der irrationalen, die sich auf ganz andere Motive gründet und andere Funktionen und Auswirkungen hat.

Ein weiterer Unterschied besteht zwischen der offen ausgeübten und der anonymen Autorität. Diese Unterscheidung ist sehr wichtig und sollte nicht übersehen werden. Um *offene* Autorität handelt es sich, wenn der Vater zu Johnny sagt: „Tu das nicht, sonst weißt du, was passiert." *Anonyme* Autorität ist es, wenn die Mutter zu Johnny sagt: „Ich bin sicher, daß du das nicht tun möchtest." Johnny merkt am Ton ihrer Stimme, was sie möchte und was sie nicht möchte. Er hat schon oft die Erfahrung gemacht, daß sie mit Traurigkeit, Niedergeschlagenheit, Angst usw. reagiert, und er weiß, daß es für ihn schlimmere Folgen haben würde als eine tüchtige Tracht Prügel, wenn er nicht tut, was sie ihm stillschweigend zu verstehen gibt. Im ersten Fall ist die Autorität offen und unverblümt. Im zweiten Fall ist sie anonym; sie gibt sich den Anschein von Toleranz und Nachgiebigkeit, und doch weiß ein jeder, der die Spielregeln kennt, was erwartet wird. Die offene Autorität ist dabei unbedingt vorzuziehen, denn der Betreffende kann sich gegen ihren Anspruch zur Wehr setzen – was ja auch viele im neunzehnten Jahrhundert getan haben. Die offene Autorität bietet die Chance, über die Auseinandersetzung seine Persönlichkeit zu entwickeln. Die anonyme Autorität hingegen ist so gut wie unangreifbar und wirkt aus dem Hinterhalt. Man weiß nicht, wer was will. Die Spielregeln liegen nicht offen zutage; man fühlt sie zwar, aber es gibt nichts, woran man sich halten könnte. Das neunzehnte Jahrhundert und die Gegenwart unterscheiden sich gerade hinsichtlich dieser beiden Arten von Autorität. Wie aber sieht die anonyme Autorität heute aus? Sie ist der Markt, die öffentliche Meinung, der gesunde Menschenverstand, das, was alle tun, der Wunsch, sich nicht vom anderen zu unterscheiden, und die Angst, drei Meter von der Herde entfernt ertappt zu werden. Jeder lebt dabei in der Illusion, er handle aus eigenem freien Willen. In Wirklichkeit aber macht er sich über nichts so viele Illusionen, wie über sich selbst.

Wir sind mit Recht stolz darauf, daß unsere Einstellung zur *Ausbeutung* sich drastisch geändert hat. Niemand kann leugnen, daß in den großen westlichen Demokratien Ausbeutung in dem Sinn, wie sie im neunzehnten Jahrhundert existierte, praktisch aufgehört hat, und dies nicht nur in unserem eigenen Land und in den westlichen Demokratien, sondern auch in bezug auf die Kolonialvölker, die noch vor hundert Jahren Objekte roher Ausbeutung waren. Diese Form roher materieller Ausbeutung, bei der andere Menschen zum eigenen Vorteil ausgesaugt werden, ist vielleicht noch nicht ganz verschwunden, sie ist aber doch so zurückgegangen, daß sie in den nächsten Generationen ganz verschwinden dürfte. Aber etwas anderes ist geschehen. Heute beutet jeder sich selbst aus. Jeder benutzt sich selbst zu Zwecken außerhalb seiner selbst. Es gibt nur ein allmächtiges Ziel, die *Produktion von Dingen,* und es geht gerade nicht um Ziele, zu denen wir uns mit den Lippen bekennen: um die volle Entwicklung der Persönlichkeit, um die volle Geburt, die volle Entfaltung des Menschen.

In jenem Prozeß, bei dem es uns letzten Endes nur um die Produktion von Dingen, um die Umwandlung von Mitteln in Zwecke geht, verwandeln wir uns selbst in Dinge. Wir stellen Maschinen her, die sich wie Menschen benehmen, und wir produzieren Menschen, die mehr und mehr wie Maschinen handeln. Die Gefahr des neunzehnten Jahrhunderts hätte sein können, daß wir zu Sklaven geworden wären. Die Gefahr heute ist, daß wir zu Robotern oder Automaten werden. Gewiß sparen wir Zeit, aber wenn wir Zeit gespart haben, sind wir in Verlegenheit, weil wir nicht wissen, was wir mit der eingesparten Zeit anfangen sollen. Bestenfalls versuchen wir, sie totzuschlagen. Was geschähe wohl, wenn wir in der Woche nur noch drei Arbeitstage hätten? Ich bin sicher, wir hätten nicht genug

Kliniken, um die seelischen Zusammenbrüche aufzunehmen, zu denen es käme, wenn man soviel Zeit zur Verfügung hätte und nicht wüßte, was man mit ihr anfangen kann. Wir beten die Dinge an, die Erzeugnisse unserer eigenen Hände, und beugen vor ihnen das Knie. In der Schule, im Kindergottesdienst oder in der Kirche sprechen wir vom Götzendienst und denken dabei vielleicht an Baal oder die Götzen der Kanaaniter, und wir fühlen uns als gute Christen, Juden, Mohammedaner oder was auch immer, die längst den Götzendienst überwunden haben. Aber wir haben nur sein Objekt gewechselt. Bei unserer Anbetung der Dinge, bei unserer Verehrung der Erzeugnisse unserer Hände handelt es sich genau um den gleichen Götzendienst, von dem die Propheten sprachen, und unsere Götter haben genau wie die Götzen, von denen die Propheten sprachen, Augen und können nicht sehen, und sie haben Hände, mit denen sie nichts berühren können.

Aber der Mensch ist kein Ding, und wenn er sich in ein Ding verwandelt, wird er krank, ob er es weiß oder nicht. Die Franzosen wissen über diese Krankheit seit dem achtzehnten Jahrhundert weit besser Bescheid, und es gibt eigentlich nur französische Bezeichnungen für diese Krankheit – *ennui, malaise, la maladie du siècle* (die Krankheit des Jahrhunderts) – eine Bezeichnung, die schon im neunzehnten Jahrhundert geprägt wurde. Wir bezeichnen diese Krankheit als Langeweile, als das Gefühl der Sinnlosigkeit des Lebens, das Gefühl, daß wir freudlos inmitten der Fülle leben, daß das Leben uns wie Sand durch die Finger rinnt, daß wir nicht wissen, wohin wir gehen, und daß wir verwirrt und ratlos sind. Die Franzosen hatten einen Namen dafür, und wir haben eigentlich keinen; erst seit relativ kurzer Zeit haben wir ein Wort dafür und bezeichnen diese Krankheit als Neurose.

Nur wenige Menschen kommen zum Arzt und sagen: „Herr Doktor, ich empfinde mein Leben als sinnlos. Ich leide unter einer Langeweile, die ich nicht länger ertragen kann." Es empfiehlt sich heute nicht, so etwas zu sagen oder zu denken. Tatsächlich besitzt ja jede Kultur ihre eigene Ideologie der Krankheit. Samuel Butler hat das in seinem satirischen Zukunftsroman *Erehwon* vorzüglich ausgedrückt. Wenn man da eine Erkältung hat, sagt man, man sei deprimiert. Wenn man bei uns deprimiert ist, hat man zu sagen, man sei erkältet. Man hat uns eingetrichtert, was wir als krank bezeichnen dürfen. Deshalb sagen die meisten Leute nicht, sie litten unter Langeweile und unter der Sinnlosigkeit ihres Lebens, sondern sie sagen, sie litten unter Schlaflosigkeit, unter ihrer Unfähigkeit, ihre Frau, ihren Mann oder ihre Kinder zu lieben, unter ihrem Bedürfnis zu trinken, unter ihrem beruflichen Unbefriedigtsein – unter allen möglichen Dingen, die sämtlich zugelassene und gesellschaftlich gebilligte Ausdrucksformen von Krankheit sind. Und trotzdem sind Schlaflosigkeit, Trinken und berufliches Unbehagen nur unterschiedliche Aspekte der *malaise*, der Krankheit des Jahrhunderts, eben der Sinnlosigkeit des Lebens, die ihren Grund darin hat, daß der Mensch sich in ein Ding verwandelt.

Beschäftigen wir uns nun mit dem dritten Laster und seiner Geschichte, mit der *Ungleichheit*. Es wird nur noch einige Generationen dauern, bis die Rassendiskriminierung in den Vereinigten Staaten ganz abgeschafft sein wird. Gewiß haben wir auch die Diskriminierung der Geschlechter abgeschafft, sofern man nicht annehmen will, daß es jetzt eine neue Diskriminierung in umgekehrter Form gibt. Ohne Zweifel läßt sich heute keine Frau mehr das von ihrem Mann gefallen, was noch vor hundert Jahren ein Ehemann seiner Frau im allgemeinen zumutete. Kein

Vorarbeiter würde es heute in einer Fabrik wagen, mit den Arbeitern so zu sprechen und umzugehen, wie es noch vor hundert Jahren selbstverständlich war. Die Diskriminierung in diesem Sinne ist tatsächlich abgeschafft, und wir können hier auf die erreichte Gleichberechtigung stolz sein.

Bei der *Gleichheit* geht es jedoch nicht nur um diese Art von Gleichberechtigung. Der Begriff der Gleichheit wurde gegen den absolutistischen Staat in der Philosophie der Aufklärung entwickelt und bedeutet nach Immanuel Kant, daß alle Menschen insofern einander gleich sind, als kein Mensch zum Mittel für die Zwecke eines anderen gemacht werden darf, daß jeder Mensch Selbstzweck und niemals Mittel ist und daß deshalb kein Mensch Rechte über andere Menschen hat, welche diesen zum Mittel für seine Zwecke machen könnten. Das bedeutete Gleichheit in der Philosophie der Aufklärung und im Humanismus. Heute wird unter Gleichheit meistens *Gleichartig*keit verstanden: Gleich sein bedeutet soviel wie sich nicht unterscheiden. Ja man geht noch weiter und argumentiert: Wenn du gleichberechtigt sein willst, mußt du gleich sein wie die anderen; bist du es nicht, dann bist du auch nicht gleichberechtigt. Viele gehen heute lieber mit anderen *freiwillig* konform, als daß sie dazu *gezwungen* würden. Es gehört zu den besten Eigenschaften der Vereinigten Staaten, daß sie den Nonkonformisten einen breiten Raum gewähren. Zwar werden ihnen nicht gerade die Spitzenpositionen reserviert, aber sie haben doch reichlich Spielraum. Sie laufen weder Gefahr, ins Gefängnis zu müssen noch zu verhungern. Dennoch ist die Neigung, mit anderen konform zu gehen, heute weitaus größer, als man es aus den gesellschaftlichen Verhältnissen erklären kann. Der Mensch erlebt sich selbst, seine Überzeugungen, seine

Gefühle nicht mehr als etwas Eigenes. Er fühlt sich mit sich identisch, wenn er sich nicht mehr von den anderen unterscheidet. Paßt er sich ihnen aber nicht an, so fühlt er sich von einer schrecklichen Einsamkeit bedroht und läuft Gefahr, aus der Gruppe ausgestoßen zu werden.

Als viertes Laster nannten wir den *Geiz*. Wollte man das Horten und Sparen, die für unsere Großeltern noch große Tugenden waren, heute gewaltsam durchsetzen, so würde unsere Wirtschaft zusammenbrechen. Es geht dabei nicht um die Frage, daß man sich etwas zusammenspart, um es dann ausgeben zu können. Die Frage, um die es geht, wurde vor einiger Zeit in der Zeitschrift *New Yorker* mit einer Karikatur so formuliert: Da sieht sich jemand einen neuen Wagen mit allen Schikanen an, doch er gefällt ihm nicht. Sein Freund sagt zu ihm: „Wenn er dir nicht gefällt, dann ist es zwar dein gutes Recht, daß er dir nicht gefällt, aber wenn er allen Amerikanern nicht gefiele, was würde dann aus unserer Wirtschaft?" Der heutige Mensch muß tatsächlich Geld ausgeben und *konsumieren*, kaufen und verbrauchen. Das Konsumieren ist heute eine ebenso große Tugend wie das Sparen und Horten vor hundert Jahren.

Wir sind die ewigen Verbraucher. Wir konsumieren Zigaretten, Alkohol, Vorträge, Bücher, Filme und Menschen. Selbst wenn wir von der Liebe reden, die ein Kind von seinen Eltern braucht, dann reden wir so darüber, als handelte es sich um einen neuen Artikel, den ein Kind benötigt. Wir sind passive Verbraucher, wir leben inmitten eines ungeheuren Reichtums und sind die ewigen Säuglinge, die nach der Flasche, nach dem Apfel Ausschau halten; wir konsumieren, warten und sind ständig enttäuscht, weil wir nicht produktiv sind. Wir produzieren zwar Dinge, aber in unserer *Beziehung* zu anderen Menschen – ja selbst in unserer Beziehung zu den Dingen – sind wir höchst unproduktiv.

Das fünfte Laster des neunzehnten Jahrhunderts nannten wir die Haltung des *My home is my castle.* Vor einigen Jahren war in der Zeitschrift *Fortune* ein Bericht über eine Siedlung in der Nähe von Chicago zu lesen. Eine Dame, die in einem der neuen Appartements wohnte, sagte zu dem Interviewer: „Ich bin so froh, daß die Wände so dünn sind. Wenn mein Mann verreist ist, habe ich nie das Gefühl, allein zu sein, weil ich hören kann, was im anderen Appartement vor sich geht." Hier geht es nicht mehr um *My home is my castle,* sondern um die Unfähigkeit, allein sein zu können, um die Unfähigkeit, ein Privatleben führen zu können, und um den Drang, mit anderen Menschen zusammensein zu müssen. Man nennt dies „Zusammengehörigkeitsgefühl" oder „Teamwork" oder noch anders, doch geht es immer um die Unfähigkeit, mit sich selbst allein sein zu können und das eigene Zurückgezogensein oder das des Nachbarn ertragen zu können. Wir haben es heute mit dem genauen Gegenteil dessen zu tun, was in der Mittel- und Oberschicht des neunzehnten Jahrhunderts als Individualismus und Egozentrik zu beobachten war.

Um zusammenzufassen: Das Bild hat sich geändert, praktisch alle Laster des neunzehnten Jahrhunderts sind verschwunden und haben den Lastern der Gegenwart Platz gemacht. Die Frage, was schlimmer ist, erübrigt sich fast. Es kommt darauf an, unser ethisches Problem heute zu erkennen und uns nicht auf unseren Lorbeeren auszuruhen und die Schlachten des letzten Krieges nochmals auszufechten. Richten wir den Blick auf die ethischen Probleme unserer Väter, dann vernachlässigen wir unsere gegenwärtigen und befinden uns auf einem schlechten Weg. Die ethischen Probleme, mit denen wir uns heute auseinanderzusetzen haben, sind ebenso ernst wie die der Menschen vor hundert Jahren.

2
„Die Fragen, nicht die Antworten machen das Wesen des Menschen aus"

Für die meisten Denker des griechischen Altertums, des Mittelalters, bis hin zur Zeit Kants war es selbstverständlich, daß es so etwas wie eine „Natur des Menschen" gibt, also etwas, das – philosophisch gesprochen – das „Wesen" des Menschen ausmacht. Zwar gab es unterschiedliche Ansichten darüber, was zu diesem „Wesen" gehört, doch war man sich darüber einig, daß es ein „Wesen" gibt, das heißt etwas, was den Menschen zum Menschen macht.

Vor einhundert Jahren, oder sogar schon früher, begann man, diese herkömmliche Ansicht in Frage zu stellen. Ein Grund hierfür war die intensivere Erforschung der menschlichen Geschichte. Die Untersuchungen zur Entwicklung der Menschheit zeigten, daß sich der Mensch unserer Epoche so sehr vom Menschen früherer Zeiten unterschied, daß die Annahme, es gäbe eine sich durch alle historischen Epochen durchhaltende „Natur des Menschen", unrealistisch wurde. Die historischen Forschungen wurden in unserem Jahrhundert vor allem durch kulturanthropologische Untersuchungen vertieft. Die Erforschung der sogenannten primitiven Völker hat eine solche Vielfalt unterschiedlicher Sitten, Werte, Empfindungen und Gedanken ans Licht gebracht, daß viele Anthropologen zu der Auffassung gelangten, der Mensch werde als ein unbeschriebenes Blatt Papier geboren, auf das die jeweilige Kultur ihren Text schreibe. Zu den Auswirkungen der Untersuchungen zur Geschichte und zur Kulturanthropologie kam der Einfluß der Evolutionstheorie. Auch sie erschütterte den Glauben an eine allgemeine „Natur des Menschen". Jean-Baptiste de Lamarck und Charles Darwin vor allem, aber auch andere Biologen haben nachgewiesen, daß alle Lebewesen evolutionäre Veränderungen erfahren. Schließlich konnte die moderne Physik zeigen, daß auch die physikalische Welt Evolutionen und Veränderungen unterliegt. Es ist keine bloße Metapher, wenn wir sagen, daß die Totalität der Welt eine Totalität in Bewegung ist, die sich – wie Alfred North Whitehead sagen würde – in einem Zustand des „Prozesses" befindet.

Noch ein anderer Faktor trug zu der Tendenz bei, das Vorhandensein einer festgelegten menschlichen Natur, eines Wesens des Menschen zu verneinen: Der Begriff der menschlichen Natur wurde so oft mißbraucht und als Schild benutzt, hinter dem die schlimmsten Ungerechtigkeiten begangen wurden, daß wir bei seiner Erwähnung geneigt sind, seinen moralischen Wert ernsthaft zu bezweifeln, ja sogar ihn für sinnlos zu halten. Unter Berufung auf die Natur des Menschen haben Plato, Aristoteles und die meisten Denker bis ins achtzehnte Jahrhundert hinein die Sklaverei verteidigt. (Ausnahmen waren bei den Griechen die Stoiker, welche von der Gleichheit aller Menschen überzeugt waren, sowie in der Renaissance Humanisten wie Erasmus von Rotterdam, Thomas Morus oder Juan Luis Vives.) Unter Berufung auf eine solche „Natur des Menschen" entstand der Nationalismus und der Rassismus. Und unter Berufung auf die angebliche Überlegenheit der arischen Natur haben die Nationalsozialisten mehr als sechs Millionen Menschen umgebracht. Unter Berufung auf einen bestimmten abstrakten Begriff von menschlicher Natur fühlt sich der Weiße dem Farbigen, der Mächtige dem Hilflosen und der Starke dem Schwachen überlegen. Der Begriff der „menschlichen Natur" mußte bis in unsere Tage nur allzu oft für die Zwecke von Staat und Gesellschaft herhalten.

Muß man deshalb zu dem Schluß kommen, daß es so etwas wie eine menschliche Natur nicht gibt? Eine solche Annahme dürfte ebenso viele Gefahren in sich bergen wie der Begriff einer eindeutig festgelegten Natur. Wenn es kein allen Menschen gemeinsames Wesen gäbe, könnte es auch keine Einheit der Menschen, keine für alle Menschen gültigen Werte und Normen geben, ja, es gäbe keine Wissenschaft der Psychologie oder Anthropologie, die den Menschen zum Erkenntnisobjekt hat. Finden wir uns demnach nicht in der Zwickmühle zwischen zwei nicht wünschenswerten, ja gefährlichen Annahmen: zwischen der reaktionären Ansicht, welche eine genau festgelegte, unveränderliche menschliche Natur annimmt, und der relativistischen, welche zu dem Schluß führt, daß der Mensch mit anderen Menschen nur seine anatomischen und physiologischen Attribute teilt?

Vielleicht hilft es uns weiter, wenn wir zwischen dem Begriff der Natur oder des Wesens des Menschen und dem bestimmter Attribute unterscheiden, die allen Menschen gemeinsam sind und die trotzdem noch nicht allein den vollen Begriff der Natur oder des Wesens des Menschen ausmachen. Wir könnten sie als *wesentliche Attribute* bezeichnen, das heißt als Attribute, die zum Menschen als solchem gehören, und sie trotzdem vom „Wesen" des Menschen unterscheiden, das alle diese Attribute und sogar noch mehr umfassen könnte und vielleicht zu definieren wäre als das, woraus sich die mannigfachen Attribute ergeben.

Das bekannteste unter diesen Attributen finden wir bei den griechischen Philosophen, bei den Denkern des Mittelalters und des achtzehnten Jahrhunderts und vor allem bei Kant: die Bestimmung des Menschen als eines *mit Vernunft begabten Wesens (animal rationale).* Diese Definition erschien als nicht hinterfragbar und selbstverständlich – bis zur Entdeckung der tiefen Irrationalität des Menschen. Diese hatten zwar Platon, die griechischen Dramatiker, Dante, Shakespeare, Dostojewski und viele andere bereits erkannt, doch erst Freud hat sie in den Mittelpunkt seiner empirischen, wissenschaftlichen Untersuchungen gestellt. Der Mensch mag wohl ein mit Vernunft begabtes Wesen sein, aber die Frage bleibt, welches Gewicht seine Irrationalität hat und wo deren Ursachen liegen. Eine andere wichtige Bestimmung des Menschen lautet, er sei ein *zoon politikon, ein soziales Wesen* oder genauer gesagt – ein Wesen, dessen Existenz unausweichlich an eine gesellschaftliche Organisation gebunden ist. Man kann zwar die Definition des Menschen als soziales Wesen kaum bestreiten, doch ist sie ziemlich allgemein gehalten und sagt nur wenig über die Natur des Menschen aus, außer daß er – wie man es auch formulieren könnte – mehr ein Herdentier als ein Einzelwesen ist.

Eine weitere Definition lautet, daß der Mensch ein *homo faber* sei, ein Lebewesen, das etwas „fabrizieren" kann. Auch diese Definition ist richtig und weist auf eine wichtige Eigenschaft hin, die den Menschen vom Tier unterscheidet, doch auch sie ist recht allgemein gehalten und bedarf weiterer Bestimmungen, um richtig verstanden zu werden. Denn auch das Tier „fabriziert" etwas: Es gibt kaum ein besseres Beispiel als die Wachswaben, die die Bienen herstellen, um ihren Honig darin aufzubewahren. Es besteht aber – wie schon Karl Marx dargelegt hat – ein großer Unterschied zwischen dem *animal faber* und dem *homo faber.* Das Tier produziert entsprechend einem instinktgesteuerten Verhaltensmuster, der Mensch hingegen nach einem Plan, den er sich zuvor zurechtgelegt hat. Noch etwas anderes unterscheidet den produzierenden Menschen vom produzierenden Tier: Der Mensch produziert mit Hilfe von Werkzeugen, die er kraft seines Verstandes als Erweiterung seiner eigenen Gliedmaßen herstellt, um seine Fähigkeit zur Produktion noch zu erhöhen. Im Verlaufe seiner Entwicklung hat der Mensch nicht nur Werkzeuge hergestellt, sondern auch die Energie (Dampf, Elektrizität, Öl, Atomenergie) so gebändigt, daß sie die tierische und menschliche Kraft ersetzen kann, die man früher noch für die Produktion einsetzte. Neuerdings – und das kennzeichnet die zweite industrielle Revolution – stellt der Mensch Apparate her, die nicht nur seine physische Energie ersetzen, sondern sogar (in Automation und Kybernetik) Denkfunktionen übernehmen.

Schließlich ist noch eine letzte, wichtige Bestimmung des Menschen zu nennen, die Ernst Cassirer und Philosophen, die sich mit den Symbolen beschäftigten, herausgestellt haben. Der Mensch ist ein *Symbole schaffendes Wesen,* und das wichtigste Symbol, das er geschaffen hat, ist das Wort. Mit Hilfe des Wortes kann er mit anderen Menschen seine Gedanken austauschen, wodurch der Denk- und Arbeitsprozeß wesentlich erleichtert wird.

Diese Attribute des Menschen – seine Vernunft, seine Fähigkeit, etwas zu produzieren und eine gesellschaftliche Organisation aufzubauen, sowie die Fähigkeit, Symbole zu schaffen – sind wesentlich, doch machen sie nicht die Totalität der menschlichen Natur aus. Es sind nur allgemeine menschliche Potentiale und noch nicht das, was man die „Natur des Menschen" nennt. Auch wenn er alle diese Attribute besitzt, kann der Mensch frei oder determiniert, gut oder böse, von seiner Gier oder von Idealen bestimmt sein. Er kann sich Gesetze zur Beherrschung der Natur geben oder auch nicht. Und alle Menschen könnten neben den genannten Attributen noch eine ihnen gemeinsame Natur besitzen – oder auch nicht. Es kann allen Menschen gemeinsame Werte geben oder auch nicht. Wir stehen also immer noch vor dem eingangs gestellten Problem: Gibt es – neben gewissen allgemeinen Attributen – etwas, was man als „Natur des Menschen" oder als das „Wesen des Menschen" bezeichnen kann? Eine relativ neue Theorie scheint geeignet, die Lösung des Problems zu erleichtern, aber gleichzeitig auch wieder zu erschweren. Eine Reihe von Philosophen von Kierkegaard und Karl Marx bis hin zu William James, Henri Bergson und Teilhard de Chardin haben erkannt, daß der Mensch *sich selber erzeugt,* daß der Mensch der Urheber seiner Geschichte ist. In früheren Zeiten glaubte man, das Leben auf unserer Welt reiche von der Schöpfung bis zum Ende des Universums, und beim Menschen handele es sich um ein Wesen, das in die Welt hineingestellt wurde, um in irgendeinem Augenblick seines Lebens das Heil zu erlangen oder der Verdammnis anheimzufallen. Aber die Zeit spielt inzwischen in der Philosophie und Psychologie unserer Tage eine zentrale Rolle. Marx faßte die Geschichte als einen stetig ablaufenden Prozeß auf, in dem der Mensch sich selbst als Individuum und als Spezies erschafft. James war der Ansicht, daß das Leben des Geistes der „Strom des Bewußtseins" sei. Bergson glaubte, daß wir im tiefsten Grund unserer Seele „Dauer", das heißt persönliche und nicht-übertragbare gelebte Zeit seien; die Existentialisten ihrerseits haben uns gesagt, daß wir kein Wesen besäßen, sondern in erster Linie eine Existenz seien, das heißt, daß wir das seien, zu dem wir uns im Laufe unseres Lebens machen.

Wenn nun aber der Mensch historisch und zeitgebunden ist, wenn er sich selbst entwirft und macht in dem Maße, wie er sich mit der Zeit und innerhalb der Zeit verändert und modifiziert, dann dürfte es doch auf der Hand liegen, daß wir nicht länger von einer „Natur des Menschen" und von einem „Wesen des Menschen" reden können. Der Mensch *ist* dann kein mit Vernunft begabtes Wesen mehr – er *wird* erst dazu. Er *ist* nicht mehr sozial – er *wird* es erst. Er *ist* nicht mehr religiös – er *wird* es erst. Und wie steht es dann mit der menschlichen Natur? Können wir überhaupt noch davon sprechen?

Ich möchte eine Antwort darauf vorschlagen, die mir die der Wirklichkeit am meisten entsprechende Antwort auf die Frage nach der Natur des Menschen zu sein scheint. Sie ist auch geeignet, die durch die beiden extremen Positionen verursachten Schwierigkeiten zu überwinden – daß es nämlich eine festgelegte und unveränderliche Natur des Menschen gibt oder aber daß es nichts gibt, was allen Menschen gemeinsam wäre, sieht man einmal von einigen wesentlichen Attributen ab. Ich möchte meinen Standpunkt mit der mathematischen Vorstellung von konstanten und variablen Größen erläutern. Seit es Menschen gibt, gibt es etwas im Menschen, was sich konstant gleich bleibt – eine Natur. Aber es gibt auch eine große Zahl variabler Faktoren, die den Menschen zu neuen Errungenschaften, zu Kreativität, Produktivität und zu Fortschritt befähigen (wobei ich unter Fortschritt hier nicht verstehe, daß man immer mehr haben kann, sondern ein ständiges Wachstum unseres Bewußtseins). Thomas von Aquin kam diesem Gedanken sehr nahe, als er den *habitus*, das heißt die Dynamik unseres Handelns, als nächstes Akzidenz der Substanz ansah. Für ihn war der *habitus* das, was zwar nicht unser ganzes Sein ausmacht, dem aber, was wir in Wirklichkeit sind, am nächsten kommt. Spinozas Vorstellungen gingen in die gleiche Richtung. In seiner *Ethik* (Teil III, 6. Lehrsatz) formuliert er: „Ein jedes Ding strebt *(conatur)*, soviel an ihm liegt, in seinem Sein zu beharren." Und im Vorwort zu Teil IV seiner *Ethik* spricht er von einem „Modell der menschlichen Natur", dem sich der einzelne mehr oder weniger annähern könne.

Auch Marx versucht in seinen Schriften zwischen Konstanten und Variablen zu unterscheiden. Gegen Bentham schreibt er im *Kapital* (MEW 23, S. 637, Anm. 63): „Wenn man zum Beispiel wissen will, was ist einem Hunde nützlich?, so muß man die Hundenatur ergründen. Diese Natur selbst ist nicht aus dem ‚Nützlichkeitsprinzip' zu konstruieren. Auf den Menschen angewandt, wenn man alle menschliche Tat, Bewegung, Verhältnisse usw. nach dem Nützlichkeitsprinzip beurteilen will, handelt es sich erst um die menschliche Natur im allgemeinen und dann um die in jeder Epoche historisch modifizierte Menschennatur."

Marx verfolgt diesen Gedanken weiter und unterscheidet zwischen „konstanten" oder „fixwerdenden" Trieben, die allen Menschen gemeinsam sind, und „relativen" Begierden, „die ihren Ursprung nur einer bestimmten Gesellschaftsform, bestimmten Produktions- und Verkehrsbedingungen verdanken" (MEGA 1, 5, S. 596).

Freuds Ansichten zur Natur des Menschen haben mit den Ideen von Spinoza und Marx vieles gemeinsam. Auch für Freud gibt es ein Modell der menschlichen Natur, das durch den Konflikt zwischen dem Ich und dem Es (zwischen Vernunft und Trieb) und in der späteren Version seiner Theorie durch den Konflikt zwischen dem Lebenstrieb und dem Todestrieb gekennzeichnet ist. Diese grundlegenden, miteinander in Widerstreit stehenden Phasen machen das Modell der menschlichen Natur aus; der Einfluß von Familie und Gesellschaft formt dieses Modell so, daß viele unterschiedliche Arten von psychischen Strukturen entstehen.

Denker wie Ortega y Gasset, die die von den klassischen Philosophen vertretene Vorstellung von der menschlichen Natur nicht akzeptieren, äußern sich doch darüber auf ähnliche Weise, wenn sie den Standpunkt vertreten, es gäbe zwar keine eigentliche menschliche Natur, doch besitze der Mensch eine Konsistenz. In jüngster Zeit brachte Teilhard de Chardin die Idee von einer menschlichen Natur vor, die immer die gleiche, jedoch der Entwicklung fähig sei, sobald sie eine große Komplexität erworben habe. Das Gesetz der Orthogenese bedeutet für Teilhard nichts anderes, als daß dort, wo eine größere zerebrale Komplexität vorhanden ist, auch ein höher entwickeltes Bewußtsein zu finden ist: Der Mensch ist nach ihm nicht nur bewußter und komplizierter als die höheren Tiere, sondern er befindet sich selbst in einem Evolutionsprozeß, in einer Evolution, die ihn gleichzeitig zu einer größeren Sozialisierung und einer größeren individuellen Freiheit hinführen wird.

Ich selbst sehe das Wesen oder die Natur des Menschen in gewissen, in der menschlichen Existenz – im Gegensatz zur tierischen Existenz – inhärenten Widersprüchen. Der Mensch ist ein Tier, aber ein solches, das nicht genügend mit Instinkten ausgerüstet ist, um es bei seinem Handeln zu leiten. Er besitzt nicht nur Intelligenz – die auch das Tier besitzt –, sondern ein Bewußtsein seiner selbst; und doch ist er nicht fähig, den Geboten der Natur zu entrinnen. Er ist „eine Laune der Natur", da er der Natur angehört und sie gleichzeitig transzendiert. Diese Widersprüche rufen Konflikte und Ängste hervor, ein Ungleichgewicht, mit dem der Mensch fertig werden muß, um zu einem besseren Gleichgewicht zu kommen. Aber sobald er dieses erreicht hat, tauchen neue Widersprüche auf, so daß er nach einem neuen Ausgleich streben muß, und so immer weiter. Die Fragen, und nicht die Antworten machen also das Wesen des Menschen aus. Die Antworten, mit denen man die Dichotomien zu lösen versucht, führen zu verschiedenen Manifestationen der menschlichen Natur. Die Dichotomien und das daraus resultierende Ungleichgewicht sind ein unausrottbarer Bestandteil des Menschen als Menschen; die verschiedenartigen Lösungen dieser Widersprüche hängen von sozio-ökonomischen, kulturellen und psychischen Faktoren ab, doch sind sie keineswegs willkürlich und zahlenmäßig unbegrenzt. Es gibt eine begrenzte Zahl von Antworten, die im Verlauf der Menschheitsgeschichte erreicht oder wenigstens geahnt worden sind. Diese Antworten sind zwar durch die historischen Umstände bedingt, doch unterscheiden sie sich gleichzeitig darin, wieweit sie Lösungen bieten, die dazu geeignet sind, menschliche Vitalität, Stärke, Freude und den Mut zu fördern. Daß diese Lösungen von vielen Faktoren abhängen, schließt nicht aus, daß menschliche Einsicht und menschlicher Wille darauf hinwirken können, bessere statt schlechtere Lösungen zu finden.

Insgesamt läßt sich also eine bedeutsame Übereinstimmung unter all denen feststellen, die die Natur des Menschen untersucht haben. Es herrscht die Überzeugung, daß der Mensch in seiner ganzen Konkretheit als ein körperliches Wesen anzusehen ist, das in eine spezifische psychische und gesellschaftliche Welt hineingestellt ist, mit allen Grenzen und Schwächen, die sich aus diesem Aspekt des menschlichen Daseins ergeben. Gleichzeitig ist der Mensch das einzige Geschöpf, in dem das Leben sich seiner selbst bewußt geworden ist, das zu einem ständig wachsenden Bewußtsein seiner selbst und seiner Umwelt gelangt und das die Möglichkeit zur Entwicklung neuer materieller und spiritueller Fähigkeiten in sich trägt, welche sein Leben zu einem offenen Weg mit einem determinierbaren Ziel machen. Pascal drückt es in den *Pensées* (Nr. 347) so aus: „Nur ein Schilfrohr, das zerbrechlichste in der Welt, ist der Mensch, aber ein Schilfrohr, das denkt."

Der Mensch ist nicht völlig definierbar. Dennoch können uns jene „Wesensattribute", von denen gesprochen wurde, ein annäherungsweise recht gutes Bild dessen geben, was als „Natur des Menschen" bezeichnet werden kann. Die Natur des Menschen ist aber nicht nur ein Prinzip, sondern auch eine Fähigkeit: Der Mensch erreicht sein Wesen in dem Maße, wie er seine Fähigkeiten der Vernunft und der Liebe entwickelt. Der Mensch ist zu Vernunft und Liebe fähig, weil er ist, und es gilt umgekehrt: Der Mensch ist, weil er vernünftig urteilen und weil er lieben kann. Die Fähigkeit, sich seiner selbst bewußt zu werden und sich Rechenschaft über sich selbst und seine existentielle Situation zu geben, macht ihn zum Menschen. Und eben diese Fähigkeit ist grundlegend für seine Natur.

Diese Überzeugung teilten viele der großen Philosophen, Mystiker und Theologen des Ostens wie des Westens. Für sie alle ist der Mensch durch seine geistige Wirklichkeit gekennzeichnet, die eben darauf zurückzuführen ist, daß er sich selbst und andere erkennen kann, und die ein Bestandteil des Lebens selber ist. Es ist jedoch nicht so, daß nur jene am Geist des Menschen interessierten Philosophen diese Ansicht vertreten. Wenn auch mit anderen Begriffen, so betonen auch viele der sogenannten Materialisten, daß eben dieser existentielle Konflikt die Grundlage des menschlichen Lebens sei. Ein Beispiel hierfür ist im alten Griechenland Demokrit. Auch die griechischen Skeptiker gehören hierher, die die Ansicht vertraten, es komme nicht darauf an zu reden, sondern sich schweigend der Kontemplation hinzugeben. Es gilt auch für Feuerbach und Marx, für die der Mensch Selbstzweck ist.

Schließlich ist noch zu unterscheiden zwischen jenen, die den Menschen als Selbstzweck auffassen, und jenen, die meinen, er sei, wie alle anderen Dinge in der Natur, nur ein Mittel für andere Zwecke – für den Staat, die Familie, für Besitz, Macht und dergleichen. Viele der großen Denker gehören zu der ersten Gruppe. Für sie alle gilt, daß der Mensch die Fähigkeit hat, bewußt zu erleben, zu staunen und Werte und Ziele zu finden, welche optimale Lösungen für seine existentiellen Dichotomien darstellen. Ganz gleich, ob diese Denker in theistischen oder in nicht-theistischen Bezugsrahmen dachten, betrachteten sie doch alle den Menschen als ein Wesen, dessen Größe auf seiner Fähigkeit beruht, sich seiner Grenzen bewußt zu werden und im Prozeß der zunehmenden Bewußtwerdung diese Grenzen zu überwinden.

Sind wir davon überzeugt, daß der Mensch kein Ding ist und für niemanden als Mittel zum Zweck dienen darf, dann gilt wirklich, daß es noch nie so schwer war wie in unserer gegenwärtigen Industriegesellschaft, die Natur des Menschen zu verstehen. Mit Hilfe des Verstandes hat es diese Gesellschaft fertiggebracht, die Natur in einer Weise zu beherrschen, wie es sich vor hundert Jahren noch niemand hätte träumen lassen. Angefeuert durch seine ständig wachsenden technischen Fähigkeiten, hat der Mensch seine gesamte Energie auf die Produktion und den Konsum von Dingen konzentriert. Bei diesem Prozeß erlebt er sich selbst als ein Ding, das Maschinen manipuliert und von ihnen manipuliert wird. Soweit er nicht von anderen ausgebeutet wird, beutet er sich selber aus. Er stellt sein menschliches Wesen in den Dienst seines Lebensunterhalts; seine menschlichen Kräfte benutzt er zur Befriedigung seiner stets wachsenden, großenteils künstlich erzeugten Bedürfnisse. Er läuft damit Gefahr zu vergessen, daß er ein Mensch ist. Deshalb war es nie schwieriger, aber auch nie notwendiger als heute, die traditionellen Anschauungen über die Natur des Menschen neu zu überdenken.

3
„Freiheit – die authentische Realisierung der Persönlichkeit"

Nur wenige Worte sind so unterschiedlich – und gelegentlich auch doppelsinnig – gebraucht worden wie das Wort *Freiheit.* Freiheit kann physische Freiheit bedeuten, also ungehinderte körperliche Bewegung von einem Ort zum anderen; es kann psychologische Freiheit bedeuten, womit eine Art ursprünglicher Spontaneität gemeint ist, die dem Menschen innewohnt; es kann sich aber auch um bürgerliche Freiheit handeln, der entsprechend es einem Menschen freisteht, im Rahmen der Gesetze sich nach Belieben zu betätigen oder – wie Montesquieu es ausdrückte – „alles zu tun, was das Gesetz erlaubt". Es gibt noch viele weitere Bedeutungen, die wir nicht alle erschöpfend aufführen können, wie etwa „Pressefreiheit", „Freiheit der Meinungsäußerung", „Gewissensfreiheit", „Freiheit der Lehre" und „akademische Freiheit". Die meisten dieser Begriffe werden allerdings oft vieldeutig, ja widersprüchlich gebraucht. So kann zum Beispiel die Pressefreiheit, die ein allen Menschen zustehendes Recht sein sollte, von „geheimen Verführern", „Organisatoren" und dergleichen dazu benutzt werden, uns darauf zu konditionieren, daß wir nach deren Spielregeln „frei" denken. Ähnlich kann auch die Gewissensfreiheit, welche der kostbarste Besitz aller Menschen sein kann und sein sollte, zu einem Instrument der Unvernunft und des Leids gemacht werden.

Anders ist es vielleicht mit dem Wort Freiheit im Sinne des wirtschaftlichen Liberalismus. Adam Smith und David Ricardo haben den Begriff der Freiheit grundsätzlich auf das freie Unternehmertum bezogen. Nach den Vorstellungen von Adam Smith würde der soziale Fortschritt dazu führen, daß alle Menschen in bezug auf den ökonomischen Besitz gleichgestellt wären. Die Arbeiter würden aufgrund eines Naturgesetzes immer höhere Löhne und Gehälter erhalten, während die später so genannte Klasse der Kapitalisten aufgrund des gleichen Naturgesetzes erleben müßte, daß ihre Einkünfte entsprechend geringer würden. Ob dies einer realen gesellschaftlichen Situation entspricht, bleibt zu bezweifeln; sicher ist, daß die liberalen Philosophen auf dem Gebiet der Wirtschaft in ihrem Glauben an die Freiheit von einer Kontrolle durch den Staat Humanisten waren. Es ist auch weiter nicht verwunderlich, daß Karl Marx in seinem Streben nach Gleichheit in diesem Sinne ein Schüler von Adam Smith und David Ricardo war. Allerdings besteht die Möglichkeit, daß die in diesem Sinn verstandene Freiheit in der Praxis den Menschen versklaven, entfremden und zu einem Ding reduzieren kann, was sowohl für den Besitzenden zutreffen kann, der sein Sein in ein Haben entfremdet, wie auch für den Besitzlosen, der mehr als Mittel zum Zweck benutzt wird denn als ein menschliches Wesen, das Selbstzweck ist. Aber wie so häufig macht das praktische Resultat nicht die guten Absichten der theoretischen Erwägungen zunichte. Die Theoretiker dieser Art von Liberalismus, die Theoretiker des Sozialismus, des Kommunismus und des Anarchismus tendieren in ihren Theorien zum Humanismus, wenn wir darunter eine Weltanschauung verstehen, die nicht nur den Menschen als das Maß aller Dinge betrachtet, sondern auch die Überzeugung vertritt, daß der Mensch sein eigener Zweck und sein eigenes Ziel ist, indem er die in ihm angelegten Möglichkeiten voll entwickelt.

Die Frage nach der Freiheit und die Frage nach Mittel oder Zweck stehen in enger Beziehung. Bereits im fünften Jahrhundert vertrat Johannes Chrysostomus die Ansicht, daß es das Wesen der Sünde sei, den Menschen als ein Mittel oder Werkzeug zu betrachten. Diese Vorstellung, die sich im Alten Testament ebenso findet wie in den Evangelien und bei den Kirchenvätern und die sich über Spinoza, Kant, Feuerbach, Marx, Kierkegaard, Freud und Max Scheler bis in unsere Tage erhalten hat, besagt, daß die Autonomie des Menschen eine Voraussetzung für seine Freiheit ist. Die meisten Philosophen verstanden unter Freiheit nicht so sehr politische, wirtschaftliche oder selbst moralische oder psychologische Freiheit, sondern die Fähigkeit, zwischen zwei Möglichkeiten frei wählen zu können bzw. die Fähigkeit, sich von irrationalen Leidenschaften befreien zu können. Tatsächlich sind beide Begriffe komplementäre Begriffe: Will der Mensch frei sein, so darf er weder sich selbst noch andere als Mittel benützen, vielmehr müssen beide – wie Kant sagt – Selbstzweck sein. Mittel sind immer Werkzeuge, und wer als Mittel benutzt wird bzw. sich selbst als Mittel benutzt, ist kein frei handelnder Mensch, sondern wird zum Objekt, zum Ding.

Descartes hat den freien Willen definiert als die Kraft, die uns veranlaßt, den schlechtesten Weg einzuschlagen, obwohl wir den besseren kennen. Die zweite Art von Freiheit hat Spinoza in seiner *Ethik* (Teil III, 3. Lehrsatz) verdeutlicht: „Die Tätigkeiten des Geistes entspringen lediglich aus adäquaten Ideen; die Leidenszustände dagegen hängen bloß von inadäquaten Ideen ab." Eine „adäquate Idee" ist für Spinoza nicht nur eine klare und distinkte Idee, sondern eine Idee, die um ihren Ursprung weiß.

Im ersten Fall impliziert Freiheit eine willensmäßige Entscheidung; im zweiten Fall besagt sie bewußte Erkenntnis. Man kann sich deshalb kaum eine Willensfreiheit vorstellen, die nicht bewußte Erkenntnis im Sinne einer inneren Emanzipation ist. Bisher ging es um einige Definitionen von Freiheit und um die Frage, welches die Voraussetzungen für freies und autonomes Handeln sind. Die eigentliche Frage ist jedoch nicht die nach der richtigen Definition. Entscheidend ist vielmehr die Erkenntnis, ob und in welchem Maße wir wirklich und konkret frei sind.

Gewöhnlich werden Freiheit und Determinismus einander gegenübergestellt. Im physikalischen Determinismus etwa wird der Mensch auf ein rein naturales Wesen reduziert, um dann behaupten zu können, die Kausalitätsgesetze, welche die Natur beherrschten, würden auch für das Tun des Menschen gelten. Ähnlich wird beim biologischen Determinismus das Bewußtsein des Menschen als Epiphänomen des Gehirns betrachtet, so daß es von der Struktur des Nervensystems determiniert ist. Ebenso deterministisch argumentiert eine behavioristische Psychologie, wenn sie das Tun des Menschen nur auf konditionierte Reflexe zurückführen will.

Es lassen sich für den Determinismus überzeugende Argumente vorbringen. Welche wissenschaftliche oder logische Methode man auch immer anwenden mag, sicher kann der strenge Determinismus für den Fortschritt von Wissenschaft und Technologie verantwortlich gemacht werden. Der Determinismus erweckt zumindest den Eindruck, wissenschaftlicher zu sein als der Indeterminismus. Die Versuchung ist daher groß, das Kausalitätsdenken nicht nur bei physikalischen Erscheinungen, sondern auch bei jenen Phänomenen anzuwenden, die von den Sozialwissenschaften untersucht werden.

Außerdem wissen wir, in welchem Ausmaß die Erziehung in der Familie, die soziale Umwelt und die historischen Gegebenheiten unsere psychische Struktur bedingen. Tiefenpsychologie, Soziologie und Ökonomie haben in vielen, ja sogar in den meisten Fällen ergeben, daß unser Tun und unser Charakter ausschließlich das Resultat vorausgegangener Bedingungen sind. Daher ist es nur natürlich, daß Autoren wie Marx oder Freud die Ansicht vertreten, daß wir von unbewußten Kräften in der Gesellschaft oder von unseren eigenen unbewußten Trieben geprägt sind. Marx und Freud und vor ihnen die Stoiker und Spinoza könnten als Deterministen verstanden werden. Aber gleichzeitig wollen sie jeden Menschen befreien und möchten, daß er innerhalb der natürlichen und historischen Bedingungen des menschlichen Daseins ein Optimum an Freiheit erreicht.

Freiheit ist demnach nicht so sehr eine Tatsache als eine Möglichkeit: die authentische Realisierung der menschlichen Persönlichkeit. Freiheit muß erst im Kampf gegen die Hindernisse und Bedingungen, denen der Mensch ständig ausgesetzt ist, gewonnen werden. In genau diesem Sinne hätten Platon, Marx, Spinoza, Bergson, Kant oder Freud, auch Mill – um nur einige wichtige Namen zu nennen – die Auffassung vertreten, daß frei sein die Freiheit erobern heißt, oder daß – im Sinne von Sartre – das Gegenteil der Freiheit nicht der Determinismus, sondern der Fatalismus sei. Die Idee der Freiheit ist so alt wie das menschliche Denken überhaupt: Wir finden sie in den Sanskrit-Texten, bei Aristoteles, Epiktet, bei Augustinus und Descartes.

Am besten hat sie vielleicht Platon in seinem Höhlengleichnis zum Ausdruck gebracht. Gäbe es Freiheit ohne die Anstrengung, die eigenen Ketten zu sprengen und unter erheblichen Schwierigkeiten die steilen Wände der Höhle emporzuklimmen, um schließlich die Sonne der

Gerechtigkeit zu erblicken? Was wäre Freiheit, wenn der Philosoph, nachdem er die Sonne erblickt hat, nicht in die Höhle zurückkehrte, um den Menschen zu sagen, daß das, was sie sehen, eine Illusion ist – daß die wahre Freiheit im Gewahrwerden der Wahrheit beruht?

Wir können kaum sagen, die Freiheit sei einfach da. Wir sollten lieber sagen, daß wir zur Freiheit *gelangten*. In eben diesem Sinne ist Freiheit – wie die Humanisten der Renaissance es ausdrückten – die Offenbarung der menschlichen Würde oder – anders gesagt – das Wesen des Menschen selbst, also das, was er ist und was er trotz aller durch seine Endlichkeit bedingten Schranken, Hindernisse und Grenzen zu sein vermag.

Teilhard de Chardin hat diesen Gedanken klar zum Ausdruck gebracht. Ähnlich wie für Spinoza (bei dem Seelenstärke und Großmut die beiden unverkennbaren positiven aktiven Affekte sind) gibt es auch für Teilhard positive Affekte wie etwa die positiven Schmerzen, die wir in unserem Wachstums- und Entwicklungsprozeß erleiden. Darüber hinaus gibt es noch andere Affekte, die er „Leiden der Minderung" nennt und die uns wirklich Grenzen setzen: Angst, Furcht, Krankheit, Alter, Tod. Nach Teilhard liegt die wahre Freiheit in der Überwindung dieser Leiden, in der Überwindung von Angst und Furcht. Nur so läßt sich das menschliche Leben „heiligen". Die „Müden", die „Verzagten" und die Pessimisten können nicht zur Freiheit gelangen. Je müder, verzagter und pessimistischer jemand ist, desto weniger wird er die Freiheit erlangen. Nur die „Begeisterten" können frei sein, also nur die, welche – psychologisch gesprochen – nicht der Regression verfallen, sondern sich um Progression bemühen, um einen Fortschritt, der Unabhängigkeit und zugleich Liebe zu unseren Mitmenschen einschließt.

„Erkenne dich selbst!" – dieser klassische griechische Spruch zeigt, wo die Wurzel der Freiheit zu suchen ist. Selbsterkenntnis besagte von jeher, seine Grenzen zu überschreiten und zur Reife zu gelangen – bedeutete also, der zu werden, der wir potentiell sind.

Als der Mensch anfing, über seine Situation nachzudenken und darüber zu schreiben – dies geschah eigenartigerweise mit dem achten bzw. sechsten vorchristlichen Jahrhundert etwa gleichzeitig in Indien, China, Palästina und Griechenland – hat er versucht, das Rätsel des Lebens und die Frage nach seinem Sinn zu lösen. Gibt es aber überhaupt eine Antwort auf diese lebenswichtigste aller Fragen? Das Leben scheint aus lauter Widersprüchen, Paradoxien und Leiden zu bestehen. Andererseits haben wir gesehen, daß der Weg zur Erfüllung unseres Seins in der Überwindung unserer Leiden und passiven Haltung zu suchen ist. „*Oppression*" kann in „*liberté*" verwandelt werden, um Simone Weil zu zitieren. Der Mensch wird nur in dem Maße frei, wie er zum Bewußtsein gelangt, wie er der Wirklichkeit gewahr wird.

Hat das Leben einen Sinn? Immer wieder haben sich Philosophen, Theologen, Moralisten, Mystiker und Psychologen die Frage gestellt: „Weshalb soll ich (oder überhaupt jemand) weiterleben?" Die Situation des Menschen läßt ihn die Frage nach der Bedeutung und Möglichkeit dessen stellen, was die Christen „Erlösung", die Buddhisten „Befreiung" und „Erleuchtung" und die nicht-theistischen Humanisten „Liebe und Vereinigung mit anderen Menschen" oder „Harmonie und Integrität im eigenen Innern" nennen.

Vielleicht nicht so sehr die Denkschule des Utilitarismus selbst, sondern vielmehr die vulgär-utilitaristische Lebensauffassung und die allgemein-übliche Einstellung zum Leben scheinen die Möglichkeit zu negieren, jemals zu einer Art von Harmonie, Einheit, Erleuchtung oder Erlösung zu gelangen, weil sie eine Ersatzlösung für die Probleme unseres Lebens anbieten. Der Utilitarismus unseres politischen oder sonstigen Alltags zielt darauf ab, den Menschen gleichzuschalten, ihn zu einem entfremdeten Wesen, zu einem Ding unter anderen Dingen zu machen und ihn auf ein Werkzeug zu reduzieren.

Die utilitaristischen Philosophien gewinnen uns für sich, indem sie unsere Wirklichkeit entstellen. Anstatt zu versuchen zu *sein*, versuchen wir zu *haben*, und bei vielen Gelegenheiten besitzt für uns das Haben eine stärkere Realität als unser Sein. Indem wir uns zu Besitzenden entfremden, *sind* wir unser Besitz und hören auf, wir selbst als menschliche Persönlichkeiten zu sein. Eine solche Verwandlung schildern Aldous Huxley in seinem Roman *Brave New World* (1946) und George Orwell in *1984*. Martin Heidegger spricht vom „Man", das uns alle erobere und unsere authentische Existenz auslösche. Es handelt sich um jene Verwandlung, die nach Antonio Machado *Don Nadie* (Herr Niemand) bewirkt, wenn er uns mit seiner nebelhaften und überwältigenden Gegenwart überfällt.

In unserem täglichen Leben laufen wir Gefahr, die Identität unserer Persönlichkeit zu verlieren. In unserem gemeinschaftlichen Zusammenleben, das zu uns ebenso gehört wie unser individuelles Sein, verlieren wir mehr und mehr unsere Freiheit und unser Verantwortungsgefühl. Wenn man sagt, es werde Krieg geben oder es werde allgemeine Wohlfahrt und Frieden herrschen, dann äußere ich keine Meinung dazu. Mit dem „man sagt" betreten wir eine Welt des bedeutungslosen Geredes, in der niemand für irgend etwas wirklich verantwortlich ist. Auf politischem Gebiet tendiert jede Art von Diktatur dazu, das „Man" möglichst allgegenwärtig zu machen, das undifferenzierte Prinzip, das uns zu Schafen macht – und zwar nicht im biblischen Sinne des Wortes.

Kierkegaard hat bereits gesehen, daß eine derartige Einstellung in uns gewisse Lustgefühle weckt. Es handelt sich dabei, um mit ihm zu reden, um die Welt des „ästhetischen Menschen". Es handelt sich dabei um einen Menschen, der sich selbst nicht finden kann und der sein Wesen finden möchte, indem er mit allem experimentiert und auf diese Weise sein Sein und seine Identität verliert. Aber dieses „Experimentieren" ohne Anfang und Ende, das Kierkegaard in der Haltung des Don Juan symbolisiert findet, erzeugt leicht Traurigkeit, die „Schwermut des Hedonisten", die dem in den Lehren Buddhas beschriebenen Leiden so ähnlich ist. Diese Traurigkeit ergibt sich aus dem Fehlen eines Selbst. Sie ist nach Kierkegaard und Spinoza die negativste aller Leidenschaften und richtet sich ganz deutlich gegen das Leben.

Don Juan ist der Narziß der griechischen Sage. Jeder, der nur sich sieht, ertrinkt schließlich in eben dem Spiegel, den er selbst geschaffen hat. Don Juan oder „Man" ist der, welcher in anderen nicht das Wesen dieser anderen zu finden sucht, sondern – wie Narziß – das Wesen seiner eigenen selbstsüchtigen Wirklichkeit. So kann der Hedonist nicht lieben und nicht für andere dasein. Die Traurigkeit des Hedonisten ist die Traurigkeit des „Man", der einzig sein möchte und am Ende Niemand ist. Wenn wir auch deutlich auf dem Weg zur Entfremdung, Verdinglichung, zur Passivität und zum Leiden sind, so ist doch unverkennbar, daß der Mensch schon immer ein Bedürfnis nach Vervollkommnung, Erlösung, Erleuchtung, Einheit und Harmonie hatte; daß er schon immer versuchte, dadurch eine Lösung für seine Konflikte zu finden, daß er mit der Welt eins wird. Der Mensch besitzt stets die Fähigkeit zur Hoffnung, ja man kann ihn gerade definieren als „das Wesen, das hoffen kann". „Sei dir selber treu" lesen wir im *Hamlet* (1. Akt, 3. Szene). „Ich weiß, wer ich bin", sagt Don Quichote. Die Frage nach dem Sinn des Lebens hat zutiefst mit der Frage nach der Authentizität zu tun. Dem authentischen Menschen geht es um den Geist; der nicht-authentische ist zugleich ungeistig. Damit soll keine spezifisch metaphysische Einstellung gefordert sein. Auch Materialisten sind geistige Menschen, sofern sie nach dem Authentischen, nach Erleuchtung, nach Harmonie und Erlösung suchen. Andererseits sind sogenannte „geistige Menschen", die nicht nach wirklicher Erleuchtung streben, in Wirklichkeit ungeistige Menschen.

Unter dieser Voraussetzung kann Epikur, der nach unseren herkömmlichen Lehrbüchern als Hedonist gilt, als geistiger Mensch angesehen werden, weil sein Erlebnis der Lust in Wirklichkeit ein Erlebnis der Erleuchtung und der inneren Harmonie ist, das dem Erlebnis der indischen Weisen oder der Philosophen des Zen-Buddhismus recht nahekommt. Wer Lust im Sinne Epikurs anstrebt, hat mit dem, der ein authentisches Leben mit Hilfe von Tugenden in dieser Welt zu leben versucht, eines gemeinsam: Es geht sowohl dem einen wie dem anderen um die Realisierung der menschlichen Werte, um die Verwirklichung der „Würde des Menschen".

Man sollte auch keineswegs vergessen, daß viele Philosophen metaphysische Systeme entwickelt haben und daß – ohne Rücksicht darauf, ob ein metaphysisches System tatsächlich richtig ist – die Existenz der Metaphysik und ihr tiefgehender Einfluß auf die Entwicklung der verschiedenen Zweige menschlicher Kultur, einschließlich der

Naturwissenschaft im Osten wie im Westen, eine historische Tatsache ist.

Jedes metaphysische System stellt eine bestimmte Auffassung von der Welt, eine Weltanschauung dar. Die Metaphysik ist aus den beiden bereits erwähnten Fragen entstanden: „Weshalb gibt es Leben?" und „Wozu gibt es Leben?" Sie versucht zu erklären, welchen Platz der Mensch im Universum einnimmt, und daraus abzuleiten, wie er sich im Prozeß des Lebens verhalten soll. In diesem Sinne ist das metaphysische Denken eine dem Leben dienende und keine leere Spekulation.

Bereits die Existenz von metaphysischen Auffassungen, die sich in ihren Begriffen anscheinend voneinander unterscheiden, aber im Grunde wahrscheinlich gar nicht so weit auseinander liegen dürften, wie unsere Lehrbücher dies gelegentlich behaupten, zeigt zum einen, daß der Mensch auf der Suche nach „Erleuchtung", nach „Erlösung", nach „Harmonie" oder „Einheit" ist, wie die verschiedenen Schulen es nennen, und zum anderen, daß der Mensch den Sinn seines Lebens darin sucht, daß er seine isolierte Existenz transzendiert.

„Transzendieren" ist ein heikles Wort. Versuchen wir seine volle Bedeutung dadurch zu erkennen, daß wir seine verschiedenen spezifischen Bedeutungen aufzeigen. Man kann Transzendenz im religiösen oder metaphysischen Zusammenhang als Hinweis auf die Existenz einer höheren Macht verstehen – zum Beispiel auf Platons Welt der Ideen, auf das „Eine" bei Plotin oder in religiöser Sprache auf Gott. Transzendenz kann aber auch die Befreiung von Egoismus und Selbstsucht und damit eine Einstellung bedeuten, bei der sich der Mensch anderen für eine echte Kommunikation aufschließt. Schließlich kann man – und dies besonders in der existentialistischen Denkweise – unter Transzendenz auch verstehen, daß man zeitlich über sich hinausgeht und aus sich heraus nach der Zukunft greift. Eines ist jedoch allen verschiedenen Bedeutungen dieses Begriffes gemeinsam: das Hinausgehen über das nur mit sich selbst beschäftigte Ich, die Befreiung unserer selbst aus dem Gefängnis unseres Egoismus, indem wir mit der Wirklichkeit in Beziehung treten.

Verstehen wir Transzendenz in diesem Sinne, dann kann man sagen, daß unser Leben dann einen Sinn hat, wenn wir zur Transzendenz gelangen, wenn der Mensch sich also nicht auf eine selbstsüchtige und destruktive Weise narzißtisch bespiegelt. Sich ganz zu geben, ist der einzige Weg, selbst zu sein. Dieser paradoxe Satz ist nur scheinbar paradox. Wir finden ihn in den Upanishaden, in den Evangelien, in den Veden und auch in den Schriften von Platon, Aristoteles, Kant, Goethe, Marx, Scheler, Russell und Machado. Nichts anderes meine ich, wenn ich von der „Kunst des Liebens" spreche. Teilhard de Chardin faßt den Gedanken in ein Wortspiel: Wenn wir den Krieg *(un corps à corps)* vermeiden wollen, kann es als Lösung nur den inneren Frieden *(un cœur à cœur)* geben.

Ein zentrales Problem unseres Jahrhunderts ist das der *Beziehungen der Menschen untereinander.*

Für Heidegger gibt es nicht nur das „In-der-Welt-Sein" des Menschen, sondern vor allem auch sein „Mitsein". Dieser Gedanke kommt auch in dem Wort „Gesellschaft" zum Ausdruck, und die „Geselligkeit" ist ein wesentliches Kennzeichen des Menschen. Daß es Gesellschaft gibt, hängt mit der Existenz eines Ich und eines Du zusammen, oder – besser gesagt – eines Du, das bereits in der Existenz des Ich mitgegeben ist, wie Feuerbach und Machado gezeigt haben. Es ist nicht so, daß ein jeder von uns existiert, weil es die Gesellschaft gibt. Vielmehr gibt es Gesellschaft, weil zu jedem einzelnen von uns auch das Anderssein gehört. Der Mensch ist seiner Natur nach ein Wesen für andere.

In unserer Zeit hat man sich dem Problem der Intersubjektivität auf verschiedene Weise genähert. Husserl postuliert die Existenz des anderen als ein *„alter ego"*, ein anderes „Ich", dem ich mich durch ein Analogiegesetz annähern kann, um es zu verstehen. Max Scheler versucht eine nicht ausschließlich rationale Definition zu finden und sieht den Ursprung der Kommunikation in Sympathie und Liebe. Ortega y Gasset nennt die anderen seine „Umstände" *(circumstancia)*, so daß er sagen kann: „Ich bin ich selbst und meine Umstände, und wenn ich meine Umstände nicht rette, rette ich auch nicht mich selbst." (Der von Ortega geäußerte Gedanke versucht individuelle und gesellschaftliche Verantwortlichkeit miteinander zu verbinden und bekommt gerade dadurch seine Bedeutung. Das spanische *circumstancia* ist dabei im doppelten Sinne zu verstehen: als unsere Umwelt und als Welt des Menschen.) Machado spricht wiederholt von der „wesentlichen Heterogenität" des Menschen. Auch Liebe als Einheit von Verantwortung, Fürsorge, Achtung und „Erkenntnis" kann als grundlegendes dynamisches Element menschlicher Erkenntnis verstanden werden. (Vgl. E. Fromm, 1956a, GA IX.) Bei allen genannten Denkern finden wir die Idee, daß der Mensch mit anderen in Beziehung treten kann und es trotz aller offensichtlichen Hindernisse, Entfernungen und Schranken auch tun sollte. In allen – noch so unterschiedlich formulierten – Theorien kommt ein und derselbe Gedanke zum Ausdruck: Der Mensch ist ein Wesen, in dessen Natur wir einen Drang zum Transzendieren finden, einen Drang, in der Beziehung zu anderen er selbst zu sein. (Vgl. die vorzügliche Erörterung dieses Problems bei O. Paz, 1962.)

Das Kommunikationsproblem, das letzten Endes das Problem einer gemeinsamen menschlichen Natur in sich schließt, ist in unserem Jahrhundert immer dringender geworden. Die technischen Kommunikationsmöglichkeiten haben in weit überproportionalem Ausmaß zugenommen; eine wirkliche Kommunikation von Mensch zu Mensch ist dagegen immer schwieriger geworden in einer Welt, die von Massenmedien beherrscht wird, welche sich an den Massenmenschen wenden. (Das Wort „Masse" ist hier nicht im Sinne einer Majorität des Volkes zu verstehen. Der Massenmensch ist vielmehr – wie Ortega bereits erkannte – der verdinglichte Mensch, der Mensch als Objekt, Werkzeug und Instrument.)

Außerdem hegt man heute ernste Zweifel an der Möglichkeit einer wirklichen Kommunikation von Mensch zu Mensch. Heidegger, der nicht mehr an Kierkegaards Idee glaubte, daß wir subjektiv gegen andere und objektiv gegen uns selber sein sollten, hat immer wieder die Distanz zwischen Mensch und Mensch hervorgehoben. Sartre hat nachdrücklich betont, es gebe überhaupt keine Kommunikation; „die Hölle, das sind die anderen", wenn wir – wie eine von Sartres Personen sagt – wirklich glauben, daß Lieben die Erwartung sei, geliebt zu werden.

Sartres pessimistische Einstellung, die im Widerspruch zu seiner häufig wiederholten Behauptung steht, er sei ein Optimist, enthält eine doppelte Herausforderung. Einerseits stellt sie klar, daß zwischen unserem Selbst und dem Selbst des anderen viele Barrieren bestehen bleiben; zum anderen konfrontiert sie uns aufs neue mit der Frage, ob wirkliche Kommunikation überhaupt möglich ist. Haben die Worte „Kommunion" (Gemeinsamkeit) und „Kommunikation" (Gemeinschaft) überhaupt noch einen Sinn?

Das Kommunikationsproblem ist nicht nur ein gesellschaftliches oder historisches. Auf einer tieferen Ebene ist es ein existentielles Problem. Wie bei unseren Leidenschaften und Leiden ist auch das Suchen des Menschen nach dem wahren Wesen des anderen die Alternative zu einem reinen Solipsismus, zum „Narzißmus" und – ethisch gesprochen – zur Selbstsucht.

Es gibt viele Gründe, welche die Kommunikation erschweren und in einigen extremen Fällen sogar unmöglich machen: der abstrakte Individualismus, der aus einer bürgerlichen Nivellierung stammt, wie sie vermutlich im neunzehnten Jahrhundert entstand; das Bedürfnis nach Propaganda und das sich daraus ergebende Bestreben, die anderen zu eigenen Zwecken zu benutzen; die persönliche und gesellschaftliche Abhängigkeit, die in gewissen Fällen bis zur Tyrannei geht; und schließlich die Angst vor einem Krieg, der der letzte Krieg der Menschheit sein könnte. Gesellschaftliche, psychologische und ökonomische Faktoren kommen oft zusammen und machen eine tiefergehende Kommunikation zu einem vergeblichen Versuch.

Außerdem wird das innerste Wesen des anderen oft durch dessen Verschwiegenheit verdunkelt, die ihre negativen und ihre positiven Seiten hat: negativ insofern, als sie dazu dient, sich dahinter zu verstecken; positiv insofern, als es eine Intimsphäre gibt, die wir nicht zu stören versuchen sollten, wenn der andere nicht nur eine Kopie des eigenen Selbst sein soll, sondern wirklich jemand, den ich kennen und respektieren kann.

Dennoch dürfte es trotz der sogenannten „Undurchsichtigkeit" der anderen eine Reihe realer Möglichkeiten geben, sowohl deren Identität zu erkennen, als auch ihren Charakter zu verstehen. Unbestreitbar ist die erste Bewegung des Kindes, so selbstsüchtig es auch immer sein mag, eine Bewegung auf einen anderen zu. Eine Art von Gemeinsamkeit ist von unseren ersten Lebenstagen an da. Diese Gemeinsamkeit *können* wir auf der höheren Stufe unseres Lebens weiterentwickeln. Zu einer wirklichen „Kommunion" würde dann gehören, daß wir über alle Hindernisse und Undurchsichtigkeiten hinweg über unser eigenes Selbst hinausgehen, um das Selbst des anderen verstehend zu umfassen, was Verantwortungsgefühl und Vertrauen voraussetzt, die das Ich, das Du und das Wir einschließen.

Zusammenfassend ist zu sagen: Wir sind nur fähig, den anderen zu erkennen, zu verstehen und zu lieben, wenn wir auch fähig sind, uns selbst zu verstehen, zu lieben und zu erkennen. Aber bewußte Hingabe bedeutet nicht Verzicht auf die eigene Intimsphäre oder eine Verletzung der Intimsphäre unserer Mitmenschen. Liebe ist Erkennen, aber eben weil sie Erkennen ist, ist sie auch Respekt vor dem anderen. Die Undurchsichtigkeit des anderen wird innerhalb des menschlich Möglichen transparent, wenn wir für uns selbst transparent werden.

4
„Das Selbst ist in dem Maße stark, wie es aktiv tätig ist“

Freiheit kann der Mensch dadurch erlangen, daß er sein Selbst verwirklicht, daß er er selbst ist. Was ist unter der Verwirklichung des Selbst zu verstehen? Die Philosophen des Idealismus waren der Ansicht, daß man nur durch intellektuelle Einsicht zur Selbstverwirklichung gelangen könne. Sie betonten nachdrücklich, daß die menschliche Persönlichkeit in Natur und Vernunft gespalten sei und daß die Vernunft die menschliche Natur unterdrücken und unter Aufsicht halten könne. Die Folge dieser Aufspaltung war jedoch, daß nicht nur das Gefühlsleben des Menschen, sondern auch seine intellektuellen Fähigkeiten verkrüppelt wurden. Dadurch, daß die Vernunft zum Wächter über ihren Gefangenen, die Natur, gesetzt wurde, wurde sie selbst zum Gefangenen; und so verkrüppelten beide Seiten der menschlichen Persönlichkeit – Vernunft und Gefühlsleben. Wir glauben, daß die Verwirklichung des Selbst nicht nur durch einen Akt des Denkens, sondern auch durch die Verwirklichung der gesamten Persönlichkeit zustande kommt, wenn der Mensch nämlich alle seine emotionalen und intellektuellen Möglichkeiten tätig zum Ausdruck bringt. Diese Möglichkeiten stecken in jedem, sie werden aber nur in dem Maße verwirklicht, als sie einen Ausdruck finden. Mit anderen Worten: *Die positive Freiheit besteht im spontanen Tätigsein (activity) der gesamten, integrierten Persönlichkeit.*

Wir kommen hier auf eines der schwierigsten Probleme der Psychologie zu sprechen, auf das Problem der Spontaneität. Spontanes Tätigsein *(spontaneous activity)* meint keine zwanghafte Tätigkeit, zu der sich der Mensch durch seine Isolierung und Ohnmacht getrieben fühlt; es handelt sich nicht um die Tätigkeit eines automatenhaften Konformisten, der kritiklos Verhaltensmodelle übernimmt, die ihm von außen suggeriert werden. Spontanes Tätigsein ist die freie Aktivität des Selbst im Sinne der lateinischen Wurzel des Wortes *sponte,* was wörtlich soviel bedeutet wie „aus freien Stücken".

Unter Tätigsein bzw. Aktivität verstehen wir nicht, daß jemand „irgend etwas tut"; es handelt sich vielmehr um das kreative Tätigsein, das sowohl im emotionalen als auch im intellektuellen Bereich, sowohl im sinnlichen Bereich als auch in dem des Willens wirkt. Voraussetzung für diese Spontaneität ist, daß man die Persönlichkeit in ihrer Totalität annimmt und die Spaltung zwischen „Vernunft" und „Natur" beseitigt; denn nur wenn der Mensch nicht wesentliche Teile seines Selbst verdrängt, nur wenn er sich selbst transparent wird und nur wenn er die verschiedenen Sphären seines Lebens grundsätzlich integriert hat, ist spontanes Tätigsein möglich.

Die Spontaneität ist in unserer Kultur zwar eine relativ seltene Erscheinung, doch fehlt sie immerhin nicht ganz. Ich möchte nur einige Beispiele dafür anführen:

Erstens kennen wir Menschen, die diese Spontaneität besitzen oder doch besaßen, deren Denken, Fühlen und Handeln Ausdruck ihres Selbst und nicht Ausdruck eines Automaten ist. Bei solchen Menschen handelt es sich meistens um Künstler. Tatsächlich kann man den Künstler geradezu als einen Menschen definieren, der sich spontan auszudrücken weiß. Wenn wir diese Definition akzeptieren – und Balzac hat ihn genau so definiert –, dann muß man auch gewisse Philosophen und Wissenschaftler als Künstler bezeichnen, während wieder andere sich von ihnen so sehr unterscheiden wie ein altmodischer Fotograf von einem schöpferischen Maler. Es gibt andere Menschen, denen zwar die Fähigkeit – oder vielleicht auch nur die notwendige Übung fehlt, sich in einem objektiven Medium auszudrücken, wie der Künstler das tut, die aber trotzdem die gleiche Spontaneität besitzen. Die Lage des Künstlers ist jedoch prekär, denn man pflegt nur die Individualität oder die Spontaneität des erfolgreichen Künstlers zu respektieren; gelingt es ihm nicht, seine Kunstwerke zu verkaufen, so bleibt er für seine Zeitgenossen ein „Spinner" oder ein „Neurotiker". Der Künstler befindet sich in dieser Hinsicht in einer ähnlichen Lage wie der Revolutionär. Der erfolgreiche Revolutionär ist ein Staatsmann, der erfolglose ist ein Verbrecher.

Auch kleine Kinder bieten Beispiele von Spontaneität. Sie haben die Fähigkeit, *wirklich eigene* Gefühle und Gedanken zu haben. Diese Spontaneität zeigt sich an dem, was sie sagen und denken, und in den Gefühlen, die sich auf ihrem Gesicht ausdrücken. Wenn man sich fragt, was die kleinen Kinder für die meisten Menschen so anziehend macht, so ist es meiner Meinung nach – von sentimentalen und konventionellen Gründen abgesehen – eben diese Spontaneität. Sie spricht jeden stark an, der selbst noch nicht so abgestorben ist, daß er kein Gefühl mehr dafür hat. Tatsächlich gibt es nichts Anziehenderes und Überzeugenderes als Spontaneität, mag man sie nun bei einem Kind, bei einem Künstler oder auch bei anderen Menschen finden, die nicht zu dieser Alters- oder Berufsgruppe gehören.

Die meisten von uns erleben wenigstens Augenblicke eigener Spontaneität, die wir gleichzeitig als Augenblicke echten Glücks empfinden. Ganz gleich, ob wir das frische, spontane Erlebnis einer Landschaft haben, ob uns eine Erkenntnis als Ergebnis unseres Nachdenkens dämmert, ob wir ein sinnliches Vergnügen erleben, das nicht stereotyper Art ist, oder ob die Liebe zu einem anderen Menschen plötzlich in uns aufquillt – in solchen Augenblicken wissen wir alle, was ein spontanes Erlebnis ist, und wir haben vielleicht eine Ahnung davon, was das menschliche Leben sein könnte, wenn solche Erfahrungen nicht so selten wären und so wenig gepflegt würden.

Weshalb ist spontanes Tätigsein eine Lösung für das Problem der Freiheit? Die negative Freiheit allein, die ausschließliche Freiheit *von*, macht den Menschen zu einem isolierten Wesen, dessen Beziehung zur Welt distanziert und voller Mißtrauen ist und dessen Selbst schwach und ständig bedroht ist. Spontanes Tätigsein ist der einzige Weg, auf dem man die Angst vor dem Alleinsein überwinden kann, ohne die Integrität seines Selbst zu opfern, denn in der spontanen Verwirklichung des Selbst vereinigt sich der Mensch aufs neue mit der Welt – mit dem Menschen, der Natur und sich selbst. Die wichtigste Komponente einer solchen Spontaneität ist die Liebe – aber nicht die Liebe, bei der sich das Selbst in einem anderen Menschen auflöst, und auch nicht die Liebe, die nur nach dem Besitz des anderen strebt, sondern die Liebe als spontane Bejahung der anderen, als Vereinigung eines Individuums mit anderen auf der Basis der Erhaltung des individuellen Selbst. Die dynamische Eigenschaft der Liebe liegt eben in dieser Polarität, die darin besteht, daß sie aus dem Bedürfnis entspringt, die Absonderung zu überwinden und zum Einssein zu gelangen und trotzdem die eigene Individualität nicht zu verlieren.

Die andere Komponente ist die Arbeit – aber nicht die

Arbeit als zwanghafte Aktivität, die nur dazu dient, dem Alleinsein zu entfliehen, nicht die Arbeit, die einerseits die Natur beherrschen möchte und die andererseits die von Menschen geschaffenen Produkte vergötzt oder sich zum Sklaven dieser Produkte macht, sondern die Arbeit als Schöpfung, bei der der Mensch im Akt der Schöpfung eins wird mit der Natur. Was für die Liebe und die Arbeit gilt, gilt für jedes spontane Tätigsein, ob es sich nun um sinnliche Freuden oder um die Teilnahme am politischen Gemeinschaftsleben handelt. Sie bejaht die Individualität des Selbst und eint es zugleich mit den anderen Menschen und der Natur. Die der Freiheit innewohnende grundsätzliche Dichotomie – die Geburt der Individualität und der Schmerz des Alleinseins – wird auf höherer Ebene durch das spontane Tätigsein des Menschen aufgelöst. Bei jedem spontanen Tätigsein nimmt der Mensch die Welt in sich auf. Dabei bleibt nicht nur sein individuelles Selbst intakt, es wird stärker und gefestigter. *Denn das Selbst ist stark genau in dem Maße, wie es aktiv-tätig ist.* Echte Kraft liegt nicht im Besitz als solchem, weder im materiellen Besitz noch im Besitz seelischer Qualitäten wie Emotionen oder Gedanken. Auch der Gebrauch oder die Manipulation von Objekten verleiht keine Kraft. Was wir benutzen, gehört nicht deshalb uns, weil wir es benutzen. Nur das gehört uns, auf das wir durch unser schöpferisches Tätigsein genuin bezogen sind, ob es sich nun um einen Menschen oder einen unbelebten Gegenstand handelt. Nur jene Eigenschaften, die aus unserem spontanen Tätigsein resultieren, verleihen unserem Selbst Kraft und bilden daher die Grundlage seiner Integrität. Die Unfähigkeit, spontan zu handeln und das zum Ausdruck zu bringen, was man genuin fühlt und denkt, und die sich daraus ergebende Notwendigkeit, anderen und sich selbst ein Pseudo-Selbst zu präsentieren, sind die Wurzeln des Gefühls von Minderwertigkeit und Schwäche. Ob wir uns dessen bewußt sind oder nicht, es gibt nichts, dessen wir uns mehr schämen, als nicht wir selbst zu sein, und es gibt nichts, was uns stolzer und glücklicher macht, als das zu denken, zu fühlen und zu sagen, was wirklich unser Eigentum ist.

Dies impliziert, daß es auf das Tätigsein als solches ankommt, auf den Prozeß und nicht auf das Resultat. In unserer Kultur ist das Gewicht genau umgekehrt verteilt. Wir produzieren nicht, um konkrete Bedürfnisse zu befriedigen, sondern zu dem abstrakten Zweck, unsere Ware zu verkaufen. Wir haben das Gefühl, alle materiellen und auch alle immateriellen Dinge durch Kauf erwerben zu können, und so werden die Dinge zu unserem Eigentum, unabhängig davon, ob wir uns auf schöpferische Weise um sie bemühen. Ebenso betrachten wir unsere persönlichen Eigenschaften und den Erfolg unserer Bemühungen als Ware, die man für Geld, Prestige und Macht verkaufen kann. So verschiebt sich das Gewicht von der augenblicklichen Befriedigung, welche eine kreative Tätigkeit verleiht, auf den Wert des fertigen Produkts. Dabei geht dem Menschen die einzige Befriedigung verloren, die ihn wirklich glücklich machen kann – das Augenblickserlebnis des Tätigseins – und er jagt hinter einem Phantom her, das ihn enttäuscht, sobald er es erreicht zu haben glaubt – das trügerische Glück, genannt Erfolg.

Wenn der Mensch durch spontanes Tätigsein sein Selbst verwirklicht und auf diese Weise zur Welt in Beziehung tritt, hört er auf, ein isoliertes Atom zu sein, er und die Welt werden Teil eines strukturierten Ganzen, er hat seinen ihm zukommenden Platz in der Welt, womit auch seine Zweifel an sich selbst und am Sinn seines Lebens verschwinden. Diese Zweifel entsprangen seiner Absonderung und der Vereitelung seines Lebens. Die Zweifel schwinden, sobald er es fertigbringt, nicht mehr unter Zwang und automatisch, sondern spontan zu leben. Er erlebt sich dann als tätiges und schöpferisches Individuum und erkennt, daß *das Leben nur den einen Sinn hat: den Vollzug des Lebens selbst.*

Wenn der einzelne Mensch sein Grundgefühl des Zweifels an sich selbst und an seinem Platz im Leben überwindet, wenn er zur Welt in Beziehung tritt, indem er sie im Akt spontanen Erlebens erfaßt, dann gewinnt er Kraft als ein Individuum und er gewinnt Sicherheit. Diese Sicherheit unterscheidet sich jedoch von der Sicherheit, welche das vorindividualistische Stadium kennzeichnet, ebenso wie sich die neue Beziehung zur Welt von den primären Bindungen unterscheidet. Die neue Sicherheit erwächst nicht aus dem Schutz, den der einzelne von einer höheren Macht außerhalb seiner selbst genießt, und es handelt sich auch nicht um eine Sicherheit, aus der die tragische Seite des Lebens ausgemerzt ist. Die neue Sicherheit ist dynamisch. Sie gründet sich nicht auf Schutz durch andere, sondern auf das eigene spontane Tätigsein. Es ist die Sicherheit, die sich der Mensch in jedem Augenblick durch sein spontanes Tätigsein erwirbt. Es ist die Sicherheit, die nur die Freiheit geben kann und die keiner Illusion bedarf, weil sie die Bedingungen ausgeschaltet hat, welche Illusionen notwendig machen.

Zur positiven Freiheit, der Freiheit *zu* als der Verwirklichung des Selbst, gehört die volle Bejahung der Einigartigkeit des Individuums. Die Menschen sind gleich geboren, aber sie sind auch verschieden geboren. Diese Verschiedenheit beruht auf der unterschiedlichen erblichen körperlichen und seelisch-geistigen Veranlagung, die sie mit auf die Welt bringen, zu der dann die besondere Konstellation der äußeren Umstände und die gemachten Erfahrungen hinzukommen. Diese individuelle Grundlage der Persönlichkeit ist bei zwei Menschen ebensowenig identisch, wie zwei Organismen jemals physiologisch identisch sind. Bei der genuinen Entfaltung des Selbst handelt es sich stets um ein Wachstum auf dieser besonderen Grundlage. Es ist ein organisches Wachstum, die Entfaltung eines Kerns, der dieser einen Person eigentümlich ist und nur für sie gilt. Dagegen stellt die Entwicklung eines automatenhaften Konformisten kein organisches Wachstum dar. Da ist die Entfaltung der Basis des Selbst blockiert, und das Selbst wird vom Pseudo-Selbst überlagert, das seinem Wesen nach die Inkorporation äußerer Modelle des Denkens und Fühlens ist. Ein organisches Wachstum ist nur möglich, wenn man vor der Besonderheit des Selbst anderer Menschen wie auch vor der des eigenen Selbst größte Achtung hat. Diese Achtung vor der Einzigartigkeit des Selbst und ihre Pflege ist die wertvollste Errungenschaft der menschlichen Kultur, und gerade sie ist heute in Gefahr.

Die Einzigartigkeit des Selbst widerspricht in keiner Weise dem Prinzip der Gleichheit. Die These, daß die Menschen gleich geboren werden, heißt, daß sie alle grundlegenden menschlichen Eigenschaften miteinander gemein haben, daß sie als menschliche Wesen das gleiche Schicksal haben und daß sie den gleichen unveräußerlichen Anspruch auf Freiheit und Glück haben. Es bedeutet außerdem, daß sie in einer Beziehung der Solidarität zueinander stehen, und nicht in einer Beziehung von Herrschaft und Unterwerfung. Aber der Begriff „Gleichheit" bedeutet nicht, daß alle Menschen gleich sind. Ein derartiger Gleichheitsbegriff ist von der Rolle abgeleitet, die der Mensch heute im ökonomischen Bereich spielt. In der Beziehung zwischen dem, der kauft, und dem, der verkauft, sind die konkreten Unterschiede der Persönlichkeit ausgeschaltet. In dieser Situation kommt es lediglich darauf an, daß der eine etwas zu verkaufen hat und daß der andere das Geld besitzt, es zu kaufen. Im wirtschaftlichen Leben unterscheidet sich der eine Mensch nicht vom anderen; als reale Personen unterscheiden sie sich, und die Pflege ihrer Besonderheit macht das Wesen der Individualität aus.

Zur positiven Freiheit gehört auch das Prinzip, daß es keine höhere Macht als dieses einzigartige individuelle Selbst gibt, daß der Mensch Mittelpunkt und Zweck seines Lebens ist und daß das Wachstum und die Realisierung der Individualität des Menschen ein Ziel ist, das niemals irgendwelchen Zwecken untergeordnet werden kann, die angeblich noch wertvoller sind. (...)

Die Unterdrückung spontanen Tätigseins und die hierdurch hervorgerufene Beeinträchtigung der Entwicklung einer echten Individualität beginnt schon sehr früh, praktisch bereits mit den ersten Erziehungsmaßnahmen beim Kleinkind. (Rorschach-Tests mit drei- bis fünfjährigen Kindern haben ergeben, daß deren Versuch, ihre Spontaneität zu wahren, zum Hauptkonflikt zwischen den Kindern und autoritären Erwachsenen führt. – Vgl. hierzu A. Hartoch, 1956.) Das besagt nicht, daß diese Erziehung unweigerlich zur Unterdrückung der Spontaneität führen muß, wenn das eigentliche Ziel darin besteht, die innere Unabhängigkeit und Individualität des Kindes, sein Wachstum und seine Integrität zu fördern. Die Beschränkungen, die eine derartige Erziehung dem heranwachsenden Kind vielleicht zumuten muß, sind lediglich vorübergehende Maßnahmen, welche dem Wachstums- und Entfaltungsprozeß nur nützen. In unserer Kultur jedoch führt die Erziehung nur allzu oft zur Ausrottung der Spontaneität. Dann werden die ursprünglich psychischen Akte durch andersartige Gefühle, Gedanken und Wünsche überlagert. (Ich möchte betonen, daß ich unter „ursprünglich" *[original]* nicht verstehe, daß ein Gedanke nicht schon zuvor von jemand anderem gedacht wurde, sondern daß er in dem Betreffenden seinen Ursprung hat, daß er aus dessen eigener Aktivität und aus *seinem* Denken entspringt.)

Ein etwas willkürlich herausgegriffenes Beispiel ist etwa die ganz frühe Unterdrückung von *Gefühlen* wie Abneigung und Feindseligkeit. Die meisten Kinder bekunden zunächst ein gewisses Maß an Feindseligkeit und Trotz, die durch ihre Konflikte mit der Umwelt hervorgerufen werden. Die Umwelt sucht ihrem Expansionsdrang Einhalt zu gebieten, und sie müssen sich – als der schwächere Teil – im allgemeinen fügen. Eines der wichtigsten Ziele im Erziehungsprozeß besteht darin, diese feindseligen Regungen zu beseitigen. Man wendet dabei unterschiedliche Methoden an, die von Drohungen und Strafen, die dem Kind Angst einjagen, bis zu den subtileren Methoden von „Bestechungen" oder „Erklärungen" variieren, die das Kind verwirren und dazu veranlassen, seine Feindseligkeit aufzugeben. Das Kind bringt dann zunächst seine Gefühle nicht mehr offen zum Ausdruck und gibt es schließlich auf, überhaupt noch etwas selbst zu fühlen. Hinzu kommt, daß man ihm beibringt, die Wahrnehmung von Feindseligkeit und Unaufrichtigkeit bei anderen zu verdrängen. Das ist manchmal nicht eben leicht, da Kinder die Fähigkeit haben, derartige negative Eigenschaften bei anderen zu merken, und sich nicht so leicht von Worten täuschen lassen, wie das meist bei Erwachsenen der Fall ist. Es gibt immer noch Leute, die sie „ohne jeden Grund" nicht leiden können – außer aus dem sehr triftigen Grund, daß sie die von solchen Leuten ausstrahlende Feindseligkeit oder

Unaufrichtigkeit spüren. Diese Reaktion treibt man ihnen bald aus. Es dauert nicht lange, bis das Kind die „Reife" des durchschnittlichen Erwachsenen erreicht und sein Vermögen verliert, zwischen einem anständigen Menschen und einem Schuft zu unterscheiden, solange letzterer nicht eine offenkundige Untat verübt.

Andererseits bringt man dem Kind schon früh durch Erziehung bei, Gefühle zu empfinden, die keineswegs „seine" eigenen sind. Besonders lehrt man es, die Leute zu lieben, kritiklos freundlich zu ihnen zu sein und sie anzulächeln. Was dabei die Erziehung vielleicht nicht ausrichtet, wird dann im späteren Leben durch gesellschaftlichen Druck nachgeholt. Wenn du nicht lächelst, bist du in den Augen der anderen kein „liebenswürdiger Mensch" – und du mußt ein liebenswürdiger Mensch sein, wenn du deine Dienstleistung als Kellnerin, als Handlungsreisender oder als Arzt verkaufen willst. Nur die an der untersten Basis der Gesellschaftspyramide, die nichts als ihre körperliche Arbeit zu verkaufen haben, und die ganz oben brauchen nicht besonders „liebenswürdig" zu sein. Freundlichkeit, Fröhlichkeit und alles, was ein Lächeln sonst noch auszudrücken vermag, wird zur automatischen Reaktion, die man an- und abdreht wie einen elektrischen Schalter.

Natürlich merkt man oft, daß es sich dabei lediglich um eine Geste handelt. Meistens aber macht man es sich nicht klar und verlernt daher, zwischen dem Pseudo-Gefühl und spontaner Freundlichkeit zu unterscheiden.

Nicht nur die Feindseligkeit wird nach außen hin unterdrückt, und nicht nur die echte Freundlichkeit erleidet den Todesstoß, wenn man sie auf diese Weise durch ein Pseudo-Gefühl ersetzt. Es gibt noch eine ganze Reihe spontaner Emotionen, die ebenfalls unterdrückt werden und durch Pseudo-Gefühle ersetzt werden. Freud hat eine dieser Unterdrückungen, nämlich die Unterdrückung der Sexualität, zum Mittelpunkt seines ganzen Systems gemacht. Wenn ich auch der Ansicht bin, daß die Verhinderung der Freude an der Sexualität nicht die einzige wichtige Unterdrückung spontaner Reaktionen, sondern nur eine von vielen ist, so ist doch ihre Bedeutung nicht zu unterschätzen. Sie führt zweifellos zu sexuellen Hemmungen und außerdem dazu, daß die Sexualität einen zwanghaften Charakter annimmt und wie Alkohol oder eine Droge konsumiert wird, um sich selbst zu vergessen, ohne dabei einen besonderen Genuß zu verspüren. Infolge der Intensität der sexuellen Begierden beeinflußt deren Unterdrückung außerdem nicht nur die sexuelle Sphäre, sondern sie nimmt dem Betreffenden auch den Mut zu einem spontanen Reagieren in allen anderen Bereichen.

In unserer Gesellschaft hält man ganz allgemein nicht viel von Gefühlen. Wenn auch zweifellos jedes kreative Denken – genau wie jede andere schöpferische Tätigkeit untrennbar mit Emotionen verknüpft ist, so ist es doch zu einem Ideal geworden, emotionsfrei zu denken und zu leben. „Emotional" sein ist gleichbedeutend geworden mit unausgeglichen oder gar geistesgestört sein. Wer diesen Maßstab akzeptiert, wird hierdurch stark geschwächt; sein Denken verarmt und verflacht. Da aber andererseits die Gefühle nicht ganz auszurotten sind, müssen sie völlig getrennt von der intellektuellen Seite der Persönlichkeit existieren. Das Resultat ist jene billige und unaufrichtige Sentimentalität, womit Filme und Schlager Millionen abspeisen, die nach Gefühlen hungern.

Ich möchte noch ein Gefühl, das als tabu gilt, besonders erwähnen, weil seine Verdrängung tief an den Wurzeln der Persönlichkeit rührt: Ich meine das Gefühl für das Tragische. Das Bewußtsein des Todes und der tragische Aspekt des Lebens, ob undeutlich oder klar vorhanden, ist eines der Grundmerkmale des Menschen. Jede Kultur setzt sich auf ihre Weise mit dem Problem des Todes auseinander. Für Gesellschaften, in denen der Individuationsprozeß erst wenig fortgeschritten ist, ist das Ende der persönlichen Existenz weniger ein Problem, weil die Erfahrung der individuellen Existenz selbst noch weniger weit entwickelt ist. Man begreift den Tod noch nicht als etwas, das sich vom Leben grundsätzlich unterscheidet. Kulturen, in denen die Individuation bereits ein höheres Stadium erreichte, behandelten den Tod je nach ihrer gesellschaftlichen und psychologischen Struktur. Die Griechen legten allen Nachdruck auf das Leben und stellten sich den Tod nur als eine schattenhafte, verschwommene Fortsetzung des Lebens vor. Die Ägypter gründeten ihre Hoffnung auf den Glauben an die Unzerstörbarkeit des menschlichen Körpers, wenigstens bei denen, deren Macht sich während ihres Lebens als unzerstörbar erwies. Die Juden nahmen die Tatsache des Todes auf realistische Weise zur Kenntnis und brachten es fertig, sich mit dem Gedanken der Vernichtung des individuellen Lebens abzufinden mit Hilfe ihrer Vision von einem Zustand des Glücks und der Gerechtigkeit, der durch die Menschen in dieser Welt eines Tages erreicht sein wird. Das Christentum machte den Tod zu etwas Unrealistischem und versuchte, die Unglücklichen mit der Verheißung eines Lebens nach dem Tode zu trösten. Unsere Zeit leugnet den Tod ganz einfach und damit verleugnet sie einen grundlegenden Aspekt unseres Lebens. Anstatt das Bewußtsein, daß wir leiden und sterben müssen, zu einem der stärksten Antriebe für das Leben, zur Grundlage für die menschliche Solidarität und zu einer Erfahrung werden zu lassen, ohne die der Freude und Begeisterung Intensität und Tiefe fehlen, sieht sich der

Mensch gezwungen, diese Erfahrung zu verdrängen. Aber wie das stets bei Verdrängungen der Fall ist, hören die verdrängten Elemente, die man sich aus den Augen schafft, damit nicht auf zu existieren. So führt die Angst vor dem Tode unter uns ein illegitimes Dasein. Sie bleibt lebendig, auch wenn wir sie zu leugnen versuchen, aber weil sie verdrängt wurde, bleibt sie steril. Dies ist eine Quelle für die mangelnde Tiefe anderer Erfahrungen, für die Ruhelosigkeit unseres Lebens, und ich möchte meinen, daß sich aus ihr auch die Riesenbeträge erklären, die man in Amerika für Bestattungen aufwendet.

Bei dem Tabuisierungsprozeß von Emotionen spielt die moderne Psychiatrie eine zwiespältige Rolle. Einerseits hat ihr größter Vertreter, Freud, der Fiktion von der rationalen, zweckgerichteten Eigenart des menschlichen Geistes ein Ende gemacht und hat uns einen Weg gewiesen, der einen Blick in den Abgrund menschlicher Leidenschaften erlaubt. Andererseits hat die eben durch diese Errungenschaften Freuds bereicherte Psychiatrie sich in den Dienst der allgemeinen Tendenz gestellt, die Persönlichkeit zu manipulieren. Viele Psychiater – und auch Psychoanalytiker – haben das Bild der „normalen" Persönlichkeit aufgestellt, die niemals zu traurig, zu zornig oder zu aufgeregt ist. Sie benutzen Worte wie „kindisch" oder „neurotisch" zur abschätzigen Beurteilung von Wesenszügen oder Persönlichkeitstypen, die nicht in das herkömmliche Modell vom „normalen" Menschen hineinpassen. Diese Art der Beeinflussung ist vielleicht noch gefährlicher als die ältere Form, die den Betreffenden offen beschimpfte. Der wußte dann wenigstens, daß es da einen Menschen oder eine Auffassung gab, die ihn ablehnte, und er konnte sich dagegen wehren. Aber wer kann sich gegen die „Wissenschaft" zur Wehr setzen?

Genauso wie unsere Gefühle und unsere Emotionen wird auch unser ursprüngliches *Denken* entstellt. Von Anfang an läuft unsere Erziehung darauf hinaus, das Kind am selbständigen Denken zu hindern und ihm fertige Gedanken in den Kopf zu setzen. Wie man das bei Kleinkindern bewerkstelligt, ist einfach zu beobachten. Sie sind voller Neugier in bezug auf die Welt, sie wollen sie mit den Händen und mit dem Verstand begreifen. Sie möchten die Wahrheit wissen, da dies der sicherste Weg ist, sich in einer fremden und mächtigen Welt zu orientieren. Statt dessen nimmt man sie nicht ernst, wobei es keinen Unterschied macht, ob diese Einstellung sich als offene Mißachtung oder als subtile Herablassung äußert, wie man sie all jenen gegenüber zu bekunden pflegt, die machtlos sind (wie Kinder, alte Menschen oder Kranke). Wenn auch diese Behandlung bereits weitgehend den Mut zum selbständigen Denken nimmt, gibt es doch ein noch schlimmeres Handicap: die – oft unbeabsichtigte – Unaufrichtigkeit, die für das Verhalten eines durchschnittlichen Erwachsenen einem Kind gegenüber typisch ist. Diese Unaufrichtigkeit bezieht sich zum Teil auf das fiktive Bild von der Welt, das man dem Kind vermittelt und mit dem es ungefähr ebensoviel anfangen kann wie jemand, der Informationen über das Leben in der Arktis bekommt, wenn er wissen möchte, wie man sich am besten auf eine Expedition in die Wüste Sahara vorbereitet. Neben dieser ganz allgemein falschen Darstellung der Welt gibt es noch viele spezielle Lügen, mit denen man Tatsachen zu verbergen sucht, welche die Erwachsenen aus unterschiedlichen persönlichen Gründen vor den Kindern geheimhalten möchten. Von der schlechten Laune, die man mit dem Verhalten des Kindes rechtfertigt, oder von den sexuellen Beziehungen der Eltern oder ihren Streitigkeiten „braucht das Kind nichts zu wissen", und wenn es dahinterzukommen versucht, stößt es auf eine verärgerte oder höfliche Ablehnung.

So vorbereitet, kommt das Kind in die Schule und später vielleicht aufs College. Ich möchte noch kurz auf einige unserer heutigen Erziehungsmethoden eingehen, die darauf hinauslaufen, daß den Heranwachsenden nur noch mehr der Mut zum eigenständigen Denken genommen wird. Hierher gehört das Beispiel, daß man dem Wissen von Tatsachen – oder besser gesagt der Information – einen übertriebenen Wert beimißt. Man huldigt dem pathetischen Aberglauben, wenn man sich nur immer mehr Tatsachen einpräge, werde man schließlich zur Erkenntnis der Wirklichkeit gelangen. Hunderte von verstreuten Einzelfakten, die ohne jede Beziehung zueinander sind, werden den Schülern eingetrichtert. Ihre Zeit und ihre Kraft werden dafür in Anspruch genommen, daß sie immer mehr Tatsachen lernen, so daß ihnen zum Denken kaum noch Zeit bleibt. Natürlich bleibt das Denken ohne die Kenntnis von Tatsachen leer und fiktiv; aber „Informationen" allein können für das Denken ebenso ein Hindernis bilden wie zuwenig Informationen.

Ein anderer, eng damit verwandter Weg, dem Menschen den Mut zum eigenständigen Denken zu nehmen, läuft darauf hinaus, daß man alle Wahrheit als relativ auffaßt. Man stellt die Wahrheit als einen metaphysischen Begriff hin, und wenn jemand sagt, es gehe darum, die Wahrheit zu ergründen, dann halten ihn die „progressiven" Denker unserer Zeit für rückständig. Man erklärt die Wahrheit zu einer durchaus subjektiven Angelegenheit, ja fast zu einer Geschmackssache. Die wissenschaftliche Forschung hat von allen subjektiven Faktoren frei zu sein und ihre Ziele ohne Leidenschaft und Interesse zu verfolgen. Der Wissenschaftler hat mit keimfreien Händen an die Tatsachen heranzugehen wie der Chirurg an seinen Patienten. Die Folge dieses Relativismus, der sich oft als Empirismus oder Positivismus ausgibt, oder der sich rühmt, sich stets korrekter Begriffe zu bedienen, ist die, daß das Denken seinen wesentlichen Anreiz verliert – nämlich die Wünsche und Interessen dessen, der denkt. Statt dessen wird das Denken zu einer Maschine, die „Tatsachen" registriert. Aber genauso wie sich das Denken aus dem Bedürfnis entwickelt hat, das materielle Leben zu meistern, wurzelt auch die Suche nach der Wahrheit in den Interessen und Bedürfnissen von Einzelmenschen und gesellschaftlichen Gruppen. Ohne dieses Interesse gäbe es keinen Anreiz für das Suchen nach Wahrheit.

Es gibt immer Gruppen, deren Interesse durch Wahrheit vorangetrieben wird, und ihre Vertreter sind die Vorkämpfer menschlichen Denkens. Aber es gibt auch Gruppen, deren Interessen durch die Verschleierung von Wahrheit vorangetrieben werden. Nur im letzteren Fall ist das Interesse des Forschers der Sache der Wahrheit abträglich. Daher geht es nicht darum, daß irgendein Interesse mit im Spiel ist, sondern um welche Art von Interesse es sich handelt. Ich möchte behaupten, daß jedes menschliche Wesen sich irgendwie nach Wahrheit sehnt, weil jeder irgendwie ein Bedürfnis nach ihr hat. Das Gesagte gilt in erster Linie für unsere Orientierung in der Außenwelt und insbesondere für das Kind. Als Kind macht jeder Mensch ein Stadium der Machtlosigkeit durch, und die Wahrheit ist eine der stärksten Waffen derjenigen, die nicht über Macht verfügen. Aber die Wahrheit ist für den Menschen nicht nur wichtig im Hinblick auf seine Orientierung in der Außenwelt; seine innere Stärke hängt weitgehend davon ab, ob er die Wahrheit über sich selber kennt. Wenn man sich Illusionen über sich selber macht, dann sind das Krücken, die nur dem von Nutzen sind, der nicht allein laufen kann; aber sie machen ihn nur noch schwächer. Der Mensch ist um so stärker, je mehr es ihm gelingt, seine Persönlichkeit zu integrieren, das heißt auch, je besser er sich selbst durchschaut. „Erkenne dich selbst" gehört zu den fundamentalen Geboten, deren Ziel Kraft und Glück des Menschen ist.

Außer den bereits erwähnten Faktoren gibt es noch andere, die geeignet sind, beim durchschnittlichen Erwachsenen den letzten Rest an eigenständigem Denken durcheinanderzubringen. In bezug auf alle Grundfragen im Leben des einzelnen und der Gesellschaft, in bezug auf alle psychologischen, wirtschaftlichen, politischen und moralischen Probleme hat ein großer Sektor unserer Kultur nur die eine Funktion – das, worum es geht, zu vernebeln. Die Behauptung, die Probleme seien zu kompliziert, als daß der Durchschnittsmensch sie verstehen könne, ist dabei nur eine Verschleierungstaktik. Mir scheint dagegen, daß viele der Grundprobleme im Leben des einzelnen und der Gesellschaft sehr einfach, ja so einfach sind, daß man von jedermann erwarten könnte, daß er sie begreift. Wenn man sie als so ungeheuer kompliziert hinstellt, daß nur ein „Spezialist" sie verstehen kann, und auch dieser nur auf seinem eigenen begrenzten Gebiet, dann nimmt man – oft sogar absichtlich – den Leuten den Mut, in bezug auf die wirklich wichtigen Probleme ihrer eigenen Denkfähigkeit zu trauen. Der einzelne Mensch steht dann hilflos einer chaotischen Masse von Daten gegenüber und wartet mit einer rührenden Geduld darauf, daß die Spezialisten herausfinden, was man zu tun habe und welcher Weg einzuschlagen ist.

Die Beeinflussung der Menschen hat zweierlei zur Folge: Einmal bringt sie eine skeptische und zynische Einstellung zu allem hervor, was gesagt oder gedruckt wird; andererseits führt sie zu einem kindlichen Glauben an alles, was einem von einer Autoritätsperson gesagt wird. Diese Verbindung von Zynismus und Naivität ist für den modernen Menschen höchst kennzeichnend. Die wesentliche Folge davon ist, daß er den Mut zu eigenem Denken und zu eigenen Entscheidungen verliert.

Die Fähigkeit zum kritischen Denken wird auch durch die Zerstörung eines jeden strukturierten Weltbildes gelähmt. Die Tatsachen verlieren ihre spezifische Qualität, welche sie nur als Teile eines strukturierten Ganzen besitzen können, und behalten nur eine abstrakte, quantitative Bedeutung. Jede Tatsache ist immer wieder nur eine weitere Tatsache, und es kommt lediglich darauf an, ob wir mehr oder weniger wissen. Hierbei haben Rundfunk, Film und Presse eine verheerende Wirkung. Die Nachricht von der Bombardierung einer Stadt und vom Tod Hunderter von Menschen wird schamlos breitgetreten oder von einer Reklamesendung über eine Seifen- oder Weinmarke unterbrochen. Der gleiche Sprecher mit der gleichen suggestiven, einschmeichelnden und autoritativen Stimme, deren er sich eben noch bediente, um uns über den Ernst der politischen Lage aufzuklären, drängt sich jetzt dem Zuhörer mit der Anpreisung eines bestimmten Waschmittels auf, deren Hersteller den Werbefunk dafür bezahlt. In der Wochenschau folgt auf die Bilder torpedierter Schiffe eine Modeschau. Die Zeitungen räumen den läppischen Ideen und Eßgewohnheiten einer Debütantin den gleichen Raum ein und berichten mit dem gleichen Ernst darüber wie über Ereignisse von wissenschaftlicher oder künstlerischer Bedeutung. Aus allen diesen Gründen haben wir zu dem, was wir hören, keine echte Beziehung mehr. Wir regen uns nicht mehr darüber auf, unsere Gefühle und unser kritisches Urteilsvermögen werden beeinträchtigt, und wir werden gegen das, was in der Welt vorgeht, immer gleichgültiger. Das Leben verliert im Namen der „Freiheit" jede Struktur. Es setzt sich aus vielen Einzelstückchen zusammen, und wir verlieren jedes Gefühl für das Ganze. Der einzelne sitzt vor diesen Einzelstücken wie ein Kind vor einem Puzzlespiel. Der Unterschied besteht jedoch darin, daß das Kind weiß, was ein Haus ist, und deshalb in den Stückchen, mit denen es spielt, Teile des Hauses erkennen kann, während der Erwachsene die Bedeutung des „Ganzen", dessen Stücke er in den Händen hält, nicht mehr erfaßt. Er ist verwirrt und starrt angstvoll auf seine sinn- und bedeutungslosen Einzelstückchen.

Was wir über den Mangel an „Originalität" in unserem Fühlen und Denken sagten, gilt auch für das *Wollen.* Das zu erkennen, ist besonders schwierig; es sieht ja so aus, als ob der heutige Mensch – wenn überhaupt irgend etwas – dann zu viele Wünsche habe, und als ob sein einziges Problem darin bestehe, zwar zu wissen, was er will, es aber nicht alles haben zu können. Wir verwenden unsere ganze Energie darauf, das zu bekommen, was wir haben wollen, und die meisten fragen nie nach der Voraussetzung dafür: Daß sie nämlich wissen, was sie wirklich wollen. Sie nehmen sich nicht die Zeit, darüber nachzudenken, ob das, was sie anstreben, auch wirklich das ist, was sie selber wollen. In der Schule wollen sie gute Noten bekommen, als Erwachsene wollen sie immer erfolgreicher sein, sie wollen zu Geld kommen, noch mehr Ansehen erwerben, einen noch besseren Wagen kaufen, Reisen machen und so weiter. Aber wenn sie inmitten dieser krampfhaften Aktivität einmal innehalten, kommt ihnen vielleicht die Frage in den Sinn: „Wenn ich diese Stelle jetzt wirklich bekomme, wenn ich mir diesen besseren Wagen anschaffe, wenn ich diese Reise machen kann – was dann? Was nützt mir das alles? Bin ich es denn, der das alles will? Laufe ich nicht hinter irgendeinem Ziel her, das mich angeblich glücklich machen soll und das mir wieder aus den Händen gleitet, sobald ich es erreicht habe? Wenn solche Fragen auftauchen, so erschrecken sie den Betreffenden, denn sie stellen die Grundlage in Frage, auf die sich die gesamte Tätigkeit eines Menschen, seine Vorstellung von dem, was er will, aufbaut. Deshalb versucht man, solche beunruhigenden Gedanken so schnell wie möglich wieder los zu werden. Man hat das Gefühl, man quäle sich mit derartigen Fragen nur, weil man müde oder deprimiert sei – und man jagt weiter Zielen nach, die man für die ureigensten hält.

Trotzdem ist das alles doch ein Hinweis darauf, daß man eine vage Vorstellung von der Wahrheit hat – nämlich daß der heutige Mensch in der Illusion lebt, er wisse, was er wolle, während er in Wirklichkeit nur das will, was er *nach Ansicht der anderen* wollen sollte. Um das einzusehen, muß man sich darüber klar werden, daß es nicht – wie die meisten meinen – verhältnismäßig einfach ist zu wissen, was man wirklich will, sondern daß es sich dabei um eines der schwierigsten Probleme handelt, die der Mensch zu lösen hat. Es ist eine Aufgabe, der wir krampfhaft dadurch aus dem Wege zu gehen suchen, daß wir fertig angebotene Ziele akzeptieren, als ob es unsere eigenen wären. Der heutige Mensch ist bereit, große Risiken auf sich zu nehmen beim Versuch, die Ziele zu erreichen, die angeblich „seine" Ziele sind, aber er hat eine tiefe Angst davor, das Risiko und die Verantwortung auf sich zu nehmen, sich seine eigenen Ziele zu setzen. Eine intensive Aktivität wird oft irrtümlich als Beweis dafür angesehen, daß man sein Handeln selbst bestimmt, wenn wir auch wissen, daß es vielleicht nicht spontaner ist als das Verhalten eines Schauspielers oder eines Hypnotisierten. Wenn die Rollen verteilt sind, kann jeder Schauspieler mit Elan seine Rolle spielen und dabei sogar in bezug auf den Text und Einzelheiten seines Spiels etwas improvisieren. Aber er spielt doch nur die Rolle, die ihm übertragen wurde.

Daß es so schwer ist zu erkennen, bis zu welchem Grad unsere Wünsche – wie auch unsere Gedanken und Gefühle – nicht wirklich unsere eigenen sind, sondern uns von außen eingegeben wurden, hängt eng mit dem Problem von Autorität und Freiheit zusammen. Im Verlauf der modernen Geschichte ist an die Stelle der Autorität der Kirche die des Staates getreten, an die Stelle der Autorität des Staates trat die des Gewissens, und in unserer Zeit hat man letzteres durch die anonyme Autorität des gesunden Menschenverstandes und der öffentlichen Meinung ersetzt, um hierdurch zur Konformität zu gelangen. Weil wir uns von den älteren, unverhüllten Formen der Autorität freigemacht haben, merken wir nicht, daß wir einer neuen Art von Autorität zum Opfer gefallen sind. Wir sind zu Konformisten geworden, die in der Illusion leben, Individuen mit eigenem Willen zu sein. Diese Illusion hilft dem einzelnen Menschen, sich seiner Unsicherheit nicht bewußt zu werden, aber darin erschöpft sich auch die Hilfe, die einem eine solche Illusion gewähren kann. Im Grunde ist das Selbst so geschwächt, daß der Mensch sich machtlos und höchst unsicher fühlt. Er lebt in einer Welt, zu der er keine echte Beziehung mehr hat und in der jeder und alles instrumentalisiert ist, wo er zu einem Teil der Maschine geworden ist, die seine Hände konstruiert haben. Er denkt, fühlt und will, was die anderen von ihm erwarten, und verliert dabei sein Selbst, auf das sich jede echte Sicherheit eines freien Menschen gründen muß.

Der Verlust des Selbst hat die Notwendigkeit, mit den anderen konform zu gehen, noch vergrößert, führt er doch zu einem tiefen Zweifeln an der eigenen Identität. Wenn ich nichts bin als das, was die anderen von mir erwarten, wer bin „ich" dann? Der Zweifel am eigenen Selbst begann mit dem Zusammenbruch der mittelalterlichen Welt, in der der einzelne noch seinen unangefochtenen Platz in einer festbegründeten Ordnung besaß. Die Identität des Individuums ist ein Hauptproblem der modernen Philosophie seit Descartes. Heute halten wir es für selbstverständlich, daß wir wir sind. Trotzdem besteht unser Zweifel an uns fort oder hat sich sogar noch verstärkt. Pirandello verleiht diesem Gefühl des modernen Menschen in seinen Theaterstücken Ausdruck. Er geht von der Frage aus: Wer bin ich? Welch' anderen Beweis habe ich für meine Identität als den Fortbestand meines körperlichen Selbst? Seine Antwort ist nicht wie bei Descartes die Bejahung des persönlichen Selbst, sondern dessen Leugnung: Ich besitze keine Identität, es gibt kein Selbst außer dem Spiegelbild dessen, was andere von mir erwarten: Ich bin, „wie du mich haben willst".

Dieser Identitätsverlust macht es nur um so dringlicher, sich anzupassen; er bedeutet, daß man sich seiner selbst nur sicher sein kann, wenn man den Erwartungen der anderen entspricht. Entsprechen wir ihren Vorstellungen von uns nicht, so riskieren wir nicht nur ihre Mißbilligung, was zu einer noch stärkeren Isolierung führt, wir riskieren auch, die Identität unserer Persönlichkeit zu verlieren, womit wir unsere geistige Gesundheit aufs Spiel setzen.

Wenn wir uns den Erwartungen der anderen anpassen, wenn wir uns von ihnen nicht unterscheiden, bringen wir diese Zweifel an unserer Identität zum Schweigen und gewinnen damit eine gewisse Sicherheit. Aber der Preis dafür ist hoch. Wenn man seine Spontaneität und seine Individualität aufgibt, so führt das zu einer Vereitelung des Lebens. Auch wenn ein solcher Konformist biologisch noch weiterlebt, ist er doch emotional und seelisch tot. Er bewegt sich weiter, aber das Leben rinnt ihm durch die Finger wie Sand.

Hinter einer Fassade von Zufriedenheit und Optimismus ist der heutige Mensch tief unglücklich; tatsächlich steht er am Rande der Verzweiflung. Er klammert sich verzweifelt an seine vermeintliche Individualität. Er möchte „anders" sein, und er kennt kein größeres Lob, als von etwas zu sagen, es sei „anders". Man informiert uns über den Namen des Schalterbeamten, bei dem wir unsere Fahrkarten kaufen. Handtaschen, Spielkarten und tragbare Rundfunkgeräte werden „persönlich gemacht", indem man die Initialen des Besitzers darauf anbringt. All das ist ein Hinweis auf den Hunger nach „Anderssein", aber es sind fast die letzten Überreste von Individualität, die uns noch geblieben sind. Der heutige Mensch hungert nach Leben. Aber da er ein Konformist ist, kann er das Leben nicht mehr spontan erleben und greift zum Surrogat in Form von Anreizen und Nervenkitzel: dem Nervenkitzel des Alkohols, des Sports oder indem er die aufregenden Erlebnisse fiktiver Personen auf der Leinwand miterlebt.

5
„Der Mensch verkauft nicht nur Waren, er verkauft sich selbst"

Das „Selbst", in dessen Interesse der moderne Mensch handelt, ist das *gesellschaftliche* Selbst, ein Selbst, das sich im wesentlichen mit der Rolle deckt, die der Betreffende nach dem, was die anderen von ihm erwarten, zu spielen hat und die in Wirklichkeit nur eine subjektive Tarnung seiner objektiven Funktion in der Gesellschaft ist. Die moderne Selbstsucht ist die Gier, die auf der Frustration des wahren Selbst beruht und deren Objekt das gesellschaftliche Selbst ist. Während sich der moderne Mensch durch eine nicht mehr zu übertreffende Bejahung seines Selbst auszuzeichnen scheint, ist dieses Selbst in Wirklichkeit geschwächt und auf ein Segment seines totalen Selbst reduziert – nämlich auf seinen Intellekt und seine Willenskraft – unter Ausschluß aller anderen Bestandteile seiner Gesamtpersönlichkeit.

Aber selbst wenn dies zutrifft, könnte man sich fragen, ob nicht die wachsende Beherrschung der Natur zu einer Verstärkung des individuellen Selbst geführt hat. Das ist bis zu einem gewissen Grad auch der Fall, und soweit es stimmt, betrifft es die positive Seite der individuellen Entwicklung, die wir natürlich weiter betreiben möchten. Aber wenn auch der Mensch in bemerkenswertem Ausmaß gelernt hat, die Natur zu beherrschen, so hat die Gesellschaft doch die von ihr ins Leben gerufenen Kräfte nicht unter Kontrolle. Hand in Hand mit der Rationalität unseres Produktionssystems in seinen technischen Aspekten geht die Irrationalität unseres Produktionssystems in seinen gesellschaftlichen Aspekten. Wirtschaftskrisen, Arbeitslosigkeit, Kriege bestimmten das Schicksal der Menschen. Der Mensch hat sich seine Welt aufgebaut, er baut Fabriken und Häuser, er produziert Autos und Textilien, er erntet Getreide und Früchte. Aber er ist den Erzeugnissen seiner Hände entfremdet, und er beherrscht die Welt nicht mehr, die er gebaut hat. Ganz im Gegenteil ist diese vom Menschen geschaffene Welt zu seinem Herrn geworden, dem er sich beugt, den er zu besänftigen und so gut er kann zu manipulieren versucht. Das Werk seiner Hände ist zu seinem Gott geworden. Er scheint von seinem Selbstinteresse motiviert, in Wirklichkeit aber ist sein gesamtes Selbst mit allen seinen konkreten Möglichkeiten zu einem Werkzeug geworden, das den Zwecken eben jenes Apparates dient, den er selbst geschaffen hat. Er wiegt sich weiter in der Illusion, der Mittelpunkt der Welt zu sein, und ist dennoch von einem intensiven Gefühl seiner Bedeutungslosigkeit und Ohnmacht erfüllt, wie es seine Vorfahren einst bewußt Gott gegenüber empfanden.

Das Gefühl der Isolierung und Ohnmacht des heutigen Menschen wird noch durch den Charakter seiner menschlichen Beziehungen verstärkt. Die konkreten Beziehungen zwischen den Menschen haben ihren unmittelbaren und humanen Charakter verloren. Statt dessen manipuliert man einander und behandelt sich gegenseitig als Mittel zum Zweck. In allen persönlichen und gesellschaftlichen Beziehungen gelten die Gesetze des Marktes. Es liegt auf der Hand, daß die Menschen einander gleichgültig sein müssen, wenn sie Konkurrenten sind. Andernfalls könnten sie ihre wirtschaftliche Aufgabe nicht erfüllen, sich gegenseitig zu bekämpfen, und notfalls auch nicht davor zurückzuschrecken, sich gegenseitig wirtschaftlich zugrunde zu richten. Gleichgültigkeit charakterisiert auch die Beziehung zwischen Arbeitgeber und Arbeitnehmer. Das englische Wort für Arbeitgeber *(employer* von *to employ* = verwenden, gebrauchen) besagt alles: Der Kapitaleigner verwendet ein anderes menschliches Wesen so, wie er eine Maschine „verwendet". Arbeitgeber und Arbeitnehmer benutzen sich gegenseitig zur Erreichung ihrer wirtschaftlichen Interessen; sie sind sich in ihrer Beziehung beide Mittel zum Zweck. Es handelt sich nicht um eine Beziehung zwischen zwei menschlichen Wesen, die ein Interesse aneinander haben, abgesehen davon, daß sie sich gegenseitig von Nutzen sind.

Die gleiche Instrumentalität beherrscht auch die Beziehung zwischen dem Geschäftsmann und seinem Kunden. Der Kunde ist ein Objekt, das manipuliert werden muß, und keine konkrete Person, deren Wünsche der Geschäftsmann befriedigen möchte. Auch die Einstellung zur Arbeit ist vom gleichen Geist erfüllt. Im Gegensatz zum mittelalterlichen Handwerker ist der moderne Fabrikant nicht in erster Linie daran interessiert, was er produziert; er möchte vor allem erreichen, daß das von ihm investierte Kapital Profit bringt, und was er jeweils produziert, hängt im wesentlichen davon ab, ob gerade dieser Zweig des Marktes ihm Gewinn verspricht.

Genauso entfremdet sind die Beziehungen der Menschen untereinander. Es ist, als ob es sich nicht um Beziehungen zwischen Menschen, sondern um solche zwischen Dingen handelte. Am verheerendsten aber wirkt sich dieser Geist der Instrumentalisierung und Entfremdung auf die Beziehung des Menschen zu seinem Selbst aus. (Hegel und Marx haben die Grundlage für das Verständnis des Problems der Entfremdung gelegt. Vgl. insbesondere die Begriffe „Warenfetischismus" und „Entfremdung der Arbeit" bei Marx.) Der Mensch verkauft nicht nur Waren, er verkauft auch sich selbst und fühlt sich als Ware. Der Handarbeiter verkauft seine Körperkraft; der Geschäftsmann, der Arzt, der Büroangestellte verkauft seine „Persönlichkeit". Sie müssen „eine Persönlichkeit" sein, wenn sie ihre Erzeugnisse oder Dienstleistungen verkaufen wollen. Diese Persönlichkeit sollte liebenswürdig sein, aber ihr Besitzer sollte auch noch eine Reihe anderer Erwartungen erfüllen: Er sollte Energie und Initiative besitzen und was sonst noch seine spezielle Stellung erfordert.

Wie bei anderen Waren ist es auch hier der Markt, der über den Wert dieser menschlichen Eigenschaften, ja sogar über deren Existenz entscheidet. Wenn für die Eigenschaften, die ein Mensch zu bieten hat, kein Bedarf besteht, dann *hat* er sie auch nicht, genauso wie eine unverkäufliche Ware wertlos ist, wenn sie auch ihren Gebrauchswert haben mag. Demnach ist auch das Selbstvertrauen, das „Selbstgefühl", nur ein Hinweis darauf, was die anderen über einen denken. Es ist nicht „er", der von seinem Wert ohne Rücksicht auf seine Beliebtheit und seinem Erfolg auf dem Markt überzeugt ist. Wenn Nachfrage nach jemandem besteht, dann ist er „wer"; wenn er nicht beliebt ist, dann ist er schlechtweg niemand. Diese Abhängigkeit der Selbstachtung vom Erfolg der Persönlichkeit des Betreffenden verleiht der Popularität ihre ungeheure Bedeutung für den modernen Menschen. Von ihr hängt es nicht nur ab, ob man im praktischen Leben vorankommt, sondern auch, ob man seine Selbstachtung behaupten kann oder in einen Abgrund von Minderwertigkeitsgefühlen versinkt. (...)

Die Bedeutungslosigkeit des einzelnen in unserer Zeit bezieht sich nicht nur auf die Rolle des Geschäftsmanns, des Angestellten und Arbeiters, sondern auch auf die Rolle des Kunden. Auch diesbezüglich ist es in den letzten Jahrzehnten zu einer drastischen Veränderung gekommen. Der Kunde, der in einen kleinen Laden ging, welcher einem unabhängigen Geschäftsmann gehörte, konnte sicher sein, daß man ihm persönliche Aufmerksamkeit schenkte: Was er einkaufte, war dem Kaufmann wichtig. Er wurde empfangen wie jemand, auf den es ankam, und man erkundigte sich genau nach seinen Wünschen. Sein Einkauf gab ihm ein Gefühl von Wichtigkeit und Würde. Wie anders ist das Verhältnis eines Kunden zum Kaufhaus. Hier steht er unter dem Eindruck des riesigen Gebäudes, einer Unzahl von Angestellten und der verwirrenden Fülle des Angebots. Dies gibt ihm das Gefühl, im Vergleich zu alledem winzig und unbedeutend zu sein. Als Individuum ist er für das Kaufhaus ohne jede Bedeutung. Er ist nur wichtig als „ein" Kunde. Das Geschäft möchte ihn nicht verlieren, weil das ein Zeichen dafür wäre, daß etwas nicht stimmt, und weil das bedeuten könnte, daß man aus dem gleichen Grund auch noch andere Kunden verlieren könnte. Als abstrakter Kunde ist er wichtig, als konkreter Kunde ist er völlig unwichtig. Niemand freut sich, wenn er das Geschäft betritt, und niemand ist an seinen Wünschen besonders interessiert. Wenn er einkauft, so ist das etwas Ähnliches, wie wenn er auf die Post geht und Briefmarken kauft.

Diese Situation wird durch die heutige Werbung noch augenfälliger. Das Verkaufsgespräch des altmodischen Geschäftsmanns war im wesentlichen rational. Er wußte Bescheid über seine Ware, er kannte die Wünsche seines Kunden und versuchte auf dieser Basis ihm etwas zu verkaufen. Natürlich war auch sein Verkaufsgespräch nicht ganz objektiv, und natürlich versuchte auch er nach Kräften, den Kunden zum Kauf zu überreden. Aber er mußte vernünftige Argumente vorbringen, wenn er Erfolg haben wollte. Bei einem großen Teil der heutigen Werbung ist das anders. Sie appelliert nicht an die Vernunft, sondern an Emotionen. Wie jede Art von hypnoider Suggestion versucht sie ihre Objekte emotional zu beeindrucken, um sie zu veranlassen, den Verstand auszuschalten. Diese Art der Werbung versucht den Kunden auf alle mögliche Weise zu beeindrucken: durch die ständige Wiederholung des immer gleichen Werbeslogans, durch das als Autorität wirkende Bild einer Dame der Gesellschaft oder eines berühmten Boxers, der eine bestimmte Zigarettenmarke raucht, oder dadurch, daß man mit dem Sex-Appeal eines hübschen Mädchens den Kunden anlockt und gleichzeitig sein kritisches Urteilsvermögen herabsetzt, oder daß man ihm mit der Drohung, er habe einen schlechten Körper- oder Mundgeruch, einen Schrecken einjagt. Auch bedient man sich der Möglichkeit, in ihm Traumphantasien zu wecken, daß er seinem Leben eine plötzliche Wendung geben könnte, wenn er ein bestimmtes Hemd oder eine bestimmte Seife kauft. Alle diese Methoden sind ihrem Wesen nach irrational. Sie haben mit den Eigenschaften der angepriesenen Ware nichts zu tun und dämpfen oder beseitigen nur die kritischen Fähigkeiten des Kunden wie ein Opiat oder eine regelrechte Hypnose. Sie geben ihm eine gewisse Befriedigung, indem sie ihn zum Tagträumen veranlassen, genauso wie das die Filme tun, aber gleichzeitig verstärken sie auch sein Gefühl der Kleinheit und Ohnmacht. (...)

Meistens wird angenommen, die Menschen seien Individuen, denen es freistehe zu denken, zu fühlen und zu handeln, wie es ihnen beliebt. Es ist dies nicht nur die allgemeine Ansicht über den modernen Individualismus, jeder einzelne ist auch der aufrichtigen Überzeugung, daß er „er" ist und daß seine Gedanken, Gefühle und Wünsche die „seinen" sind. Obwohl es auch unter uns eigenständige

Persönlichkeiten gibt, so ist diese Meinung doch in den allermeisten Fällen eine Illusion – und eine gefährliche noch dazu – denn sie verhindert, daß wir die Bedingungen beseitigen, die an diesem Stand der Dinge schuld sind. (...)

Beginnen wir die Darlegung mit der Analyse der Bedeutung von Erfahrungen, die – in Worte gefaßt – „ich fühle", „ich denke" und „ich will" lauten. Wenn wir sagen „ich denke", so scheint das eine klare, unzweideutige Feststellung zu sein, wobei es nur darauf ankommt, ob das, was ich denke, richtig oder falsch ist, und nicht ob *ich* es bin, der denkt, oder ob ich es nicht bin. Es gibt jedoch ein konkretes Experiment, welches uns sofort erkennen läßt, daß die Antwort auf diese Frage nicht unbedingt so lautet, wie wir zunächst annehmen möchten: die Hypnose. Beobachten wir ein solches Experiment.

Die Versuchsperson A wird vom Hypnotiseur B in hypnotischen Schlaf versetzt und bekommt von ihm suggeriert, daß sie nach dem Erwachen den Wunsch haben wird, ein Manuskript zu lesen, von dem sie annimmt, es mitgebracht zu haben, daß sie es suchen und nicht finden wird, daß sie daraufhin annehmen wird, eine dritte Person habe es gestohlen, und daß sie sehr wütend auf diese dritte Person C werden wird. Außerdem bekommt A gesagt, er werde vergessen, daß ihm all das nur während des hypnotischen Schlafs suggeriert worden sei. Hinzuzufügen ist noch, daß es sich bei C um eine Person handelt, gegen die unsere Versuchsperson A niemals etwas hatte, und daß den Umständen nach auch kein Grund dafür gegeben ist, auf C ärgerlich zu sein; außerdem hat A das Manuskript in Wirklichkeit gar nicht mitgebracht.

Was geschieht nun? A wacht auf und sagt nach einem kurzen Gespräch über irgendein Thema: „Das erinnert mich übrigens an etwas, das ich in meinem Manuskript beschrieben habe. Ich werde es Ihnen vorlesen." Er blickt sich um, findet es nicht, und wendet sich daraufhin an C, dem er vorwirft, er habe es an sich genommen; er regt sich immer mehr darüber auf, und als C den Vorwurf zurückweist, gerät A in Wut und beschuldigt C direkt, es gestohlen zu haben. Er geht sogar noch weiter. Er bringt Gründe vor, die es plausibel machen sollen, daß C der Dieb ist; er sagt, er habe von anderen gehört, daß C das Manuskript unbedingt brauche, und er habe ja jetzt eine gute Gelegenheit gehabt, es an sich zu nehmen, und so weiter. Wir hören, wie er nicht nur C beschuldigt, sondern sich zahlreiche „Rationalisierungen" zurechtmacht, die seine Beschuldigung plausibel erscheinen lassen sollen. (Natürlich entspricht keine davon der Wahrheit, und zuvor hätte A sie sich niemals einfallen lassen.)

Nehmen wir jetzt an, daß in diesem Augenblick eine weitere Person (D) das Zimmer betritt. Sie wird nicht anzweifeln, daß A das sagt, was er denkt und fühlt; die einzige Frage, die er sich stellen wird, dürfte lauten, ob seine Anschuldigungen richtig sind oder nicht, das heißt, ob die Gedanken von A mit den wirklichen Tatsachen übereinstimmen oder nicht. Uns dagegen, die wir bei der ganzen Prozedur dabei waren, geht es nicht darum zu fragen, ob die Anschuldigung stimmt. Wir wissen ja, daß es nicht darum geht, weil wir uns sicher sind, daß das, was A fühlt und denkt, nicht *seine* Gedanken und Gefühle, sondern fremde Elemente sind, die ihm ein anderer in den Kopf gesetzt hat.

D aber, der mitten im Experiment hereingekommen ist, könnte etwa folgendes denken: „Da ist der A, der klar erkennen läßt, daß er all das denkt. Er muß doch selbst am besten wissen, was er denkt, und seine eigene Aussage ist der beste Beweis dafür, was er fühlt. Da sind aber auch noch die anderen, die sagen, seine Gedanken seien ihm suggeriert worden und es handele sich dabei um fremde, von außen kommende Elemente. Ehrlich gesagt, kann ich nicht entscheiden, wer da recht hat, jeder könnte sich irren. Da aber zwei gegen einen stehen, ist die Wahrscheinlichkeit größer, daß die Mehrheit recht hat." Aber wir, die wir dem ganzen Experiment beigewohnt haben, hegen keine diesbezüglichen Zweifel, und genausowenig würde das der neu hinzugekommene D, falls er schon andere hypnotische Experimente miterlebt hätte. Er wüßte dann, daß man derartige Experimente unzählige Male mit verschiedenen Personen und unterschiedlichem Inhalt wiederholen kann. Der Hypnotiseur kann seiner Versuchsperson suggerieren, eine rohe Kartoffel sei eine köstliche Ananas, und sie wird die Kartoffel mit dem gleichen Genuß verzehren wie eine Ananas. Oder er kann seiner Versuchsperson suggerieren, daß sie nichts sieht, und sie wird blind sein. Oder auch, daß die Erde flach und keine Kugel sei, und sie wird leidenschaftlich die Auffassung verfechten, daß die Erde eine Scheibe ist.

Was beweist das hypnotische – und vor allem das posthypnotische Experiment? Es beweist, daß wir Gedanken, Gefühle, Wünsche, ja sogar Sinnesempfindungen haben können, die wir subjektiv als *unsere* empfinden, obwohl sie uns von außen suggeriert wurden und uns daher im Grunde fremd sind und nicht das, was wir wirklich denken, fühlen und so weiter. Was zeigt uns das spezielle hypnotische Experiment, von dem wir ausgingen? Es zeigt uns: 1. daß die Versuchsperson etwas will, nämlich das Manuskript lesen, daß sie 2. etwas *denkt*, nämlich daß C es an sich genommen hat, und daß sie 3. etwas *fühlt*, nämlich Wut auf C. Wir sahen, daß alle drei geistigen Akte – der Willensimpuls, das Denken und das Fühlen – nicht seine eigenen sind in dem Sinn, daß sie das Ergebnis seiner eigenen geistigen Tätigkeit wären; daß sie nicht in ihm ihren Ursprung haben, sondern ihm von außen suggeriert wurden und daß er trotzdem subjektiv das Gefühl hat, es *wären* seine eigenen. Er bringt auch eine Reihe von Gedanken vor, die ihm nicht in der Hypnose suggeriert wurden, jene „Rationalisierungen" nämlich, mit denen er seine Vermutung „erklärt", daß C das Manuskript gestohlen habe. Trotzdem sind das nur im formalen Sinn die eigenen Gedanken. Wenngleich sie scheinbar seinen Verdacht erklären, wissen wir doch, daß der Verdacht zuerst da war und daß die rationalisierenden Überlegungen nur erfunden wurden, um das Gefühl plausibel zu machen. Sie sind daher keine wirkliche Erklärung, sondern sie kommen dem Betreffenden erst *post factum.*

Wir sind zunächst vom hypnotischen Experiment ausgegangen, weil dieses auf unmißverständliche Weise zeigt, daß man von der Spontaneität seiner geistigen Akte überzeugt sein kann und sie trotzdem uns unter bestimmten Bedingungen von einer anderen Person suggeriert sein können. Wir finden aber dieses Phänomen keineswegs nur in der hypnotischen Situation. Daß die Inhalte unseres Denkens, Fühlens und Wollens uns von außen eingegeben werden und nicht genuin die unseren sind, ist so häufig, daß man den Eindruck bekommt, diese Pseudo-Akte seien die Regel und genuine oder angeborene geistige Akte seien die Ausnahme.

Der Pseudo-Charakter, den das *Denken* annehmen kann, ist besser bekannt als die gleiche Erscheinung im Bereich des Wollens und Fühlens. Wir behandeln daher am besten zuerst den Unterschied zwischen dem genuinen Denken und dem Pseudo-Denken. Nehmen wir einmal an, wir befänden uns auf einer Insel, wo Fischer und Sommergäste aus der Stadt wohnen. Wir möchten gern wissen, was wir für Wetter bekommen, und fragen einen Fischer und zwei Leute aus der Stadt danach, von denen wir wissen, daß sie den Wetterbericht im Radio gehört haben. Der vom Wetter abhängige Fischer mit seiner langen Erfahrung wird nachdenken, wenn er nicht schon, bevor wir ihn gefragt haben, sich seine Meinung darüber gebildet hat. Da er weiß, was Windrichtung, Temperatur, Feuchtigkeit und so weiter als Grundlage für die Wettervoraussage bedeuten, wird er die verschiedenen Faktoren gegeneinander abwägen und zu einem mehr oder weniger endgültigen Schluß gelangen. Vermutlich wird er sich auch an den Wetterbericht im Radio erinnern und darauf zu sprechen kommen, ob dieser seine Meinung bestätigt oder ihr widerspricht; widerspricht er ihr, so dürfte er die Gründe für seine eigene Meinung besonders sorgfältig abwägen. Aber – und darauf kommt es an – es handelt sich um *seine* Meinung, um das Resultat *seines* Denkens, das er uns mitteilt.

Der erste der beiden Sommergäste ist ein Mann, der, als wir ihn um seine Meinung fragten, sich bewußt ist, daß er vom Wetter nicht viel versteht, und der auch nicht das Gefühl hat, daß man etwas davon verstehen müsse. Er sagt nur: „Ich kann das nicht beurteilen. Ich weiß nur, daß der Wetterbericht im Radio so und so war." Der andere Mann, den wir fragen, ist ein anderer Typ. Er meint, er wisse genau über das Wetter Bescheid, obwohl er in Wirklichkeit nur wenig davon versteht. Er gehört zu denen, die meinen, sie müßten jede Frage beantworten können. Er denkt einen Augenblick nach und sagt uns dann „seine" Ansicht, die in Wirklichkeit mit der Wettervoraussage im Radio übereinstimmt. Wir fragen ihn, wie er zu dieser Ansicht komme, und er sagt, er habe es aus der Windrichtung, Temperatur und so weiter geschlossen. Oberflächlich betrachtet verhält sich dieser Mann nicht anders als der Fischer. Analysieren wir seine Antwort jedoch genauer, dann stellt sich heraus, daß er die Radiomeldung gehört und übernommen hat. Da er jedoch das Gefühl hat, er müsse eine eigene Meinung haben, vergißt er, daß er die Meinung einer Autoritätsperson nur einfach wiederholt, und ist überzeugt, daß er durch eigenes Nachdenken darauf gekommen ist. Er bildet sich ein, er habe sich auf Grund der vorhandenen Verhältnisse eine Meinung gebildet, aber wenn wir näher zusehen, stellen wir fest, daß die von ihm angeführten Gründe ihm niemals die Möglichkeit zu dieser Wetterprognose gegeben hätten, wenn er nicht schon eine vorgefaßte Meinung gehabt hätte. Tatsächlich handelt es sich nur um Pseudo-Gründe, die ihm dazu dienen, den Eindruck zu erwecken, er sei durch eigenes Nachdenken zu seiner Meinung gekommen. Er macht sich die Illusion, er habe sich eine eigene Meinung gebildet, während er in Wirklichkeit nur die Meinung einer Autoritätsperson übernommen hat, ohne sich jedoch über den Vorgang selber klar zu sein. Es ist sehr gut möglich, daß er in bezug auf das Wetter recht hatte und daß der Fischer sich irrte, aber in diesem Fall wäre nicht „seine" Meinung die richtige, selbst wenn sich der Fischer mit „seiner eigenen Meinung" tatsächlich geirrt hätte.

Die gleiche Erscheinung können wir beobachten, wenn wir die Leute nach ihrer Meinung über gewisse andere Themen, zum Beispiel in der Politik fragen. Man frage einmal einen durchschnittlichen Zeitungsleser, wie er über ein bestimmtes politisches Problem denke. Er wird uns dann einen mehr oder weniger exakten Bericht über das, was er gelesen hat, als „seine" Meinung hinstellen und trotzdem – und das ist der springende Punkt – der Überzeugung sein, das von ihm Vorgebrachte sei das Ergebnis seines eigenen Nachdenkens. Wenn er in einer kleinen Gemeinschaft lebt, wo politische Meinungen vom Vater auf den Sohn weitergegeben werden, kann „seine eigene" Meinung weit mehr, als er es auch nur einen Augenblick für möglich halten würde, von der immer noch vorhandenen Autorität eines strengen Vaters geprägt sein. Die Meinung eines anderen Lesers kann einer augenblicklichen Verlegenheit entspringen, der Angst, man könne ihn für schlecht informiert halten, weshalb seine „Ansicht" im wesentlichen Theater ist und nicht das Ergebnis einer natürlichen Kombination von Erfahrung, Wünschen und Wissen. Die gleiche Erscheinung finden wir auch bei ästhetischen Urteilen. Der durchschnittliche Museumsbesucher, der sich das Bild eines berühmten Malers – sagen wir Rembrandts – betrachtet, sagt, das sei ein wunderschönes, eindrucksvolles Bild. Wenn wir sein Urteil analysieren, finden wir, daß er innerlich nicht besonders darauf anspricht, sondern daß er es nur deshalb für schön hält, weil er weiß, daß man es von ihm erwartet. Das gleiche gilt für das Urteil der Leute über Musik und auch für den Akt der Wahrnehmung selbst. Wenn die Leute sich irgendeine Sehenswürdigkeit betrachten, dann kommt es häufig vor, daß sie in Wirklichkeit nur die Reproduktion davon im Sinn haben, die sie unzählige Male zum Beispiel auf Postkarten gesehen haben, und während sie glauben, „sie" sähen die Sehenswürdigkeit, haben sie in Wirklichkeit nur diese Abbildungen davon vor Augen. Oder wenn sie Zeuge eines Unfalls werden, dann sehen und hören sie die Situation so, wie die Zeitung vermutlich darüber berichten wird. Tatsächlich ist es doch so, daß für viele Leute ein Erlebnis, das sie hatten, eine künstlerische Darbietung oder eine politische Versammlung erst dann „wirklich" wird, wenn sie darüber in der Zeitung gelesen haben.

Die Unterdrückung *kritischen* Denkens beginnt meist schon frühzeitig. So erkennt vielleicht bereits ein fünfjähriges Mädchen die Unaufrichtigkeit seiner Mutter entweder auf subtile Art daran, daß diese zwar immerzu von Liebe und Freundlichkeit spricht, aber tatsächlich kalt und egoistisch ist, oder auf gröbere Weise, wenn es merkt, daß die Mutter mit einem anderen Mann ein Verhältnis hat, während sie ständig ihre hohen moralischen Grundsätze betont. Das Kind fühlt die Diskrepanz. Sein Gefühl für Gerechtigkeit und Wahrheit ist verletzt. Weil es aber von der Mutter abhängig ist, die keinerlei Kritik erlauben würde, und weil es vielleicht einen schwachen Vater hat, auf den es sich nicht verlassen kann, ist es gezwungen, seine kritische Einsicht zu verdrängen. Schon sehr bald wird es die Unaufrichtigkeit und Untreue der Mutter nicht mehr bemerken. Es wird die Fähigkeit zum kritischen Denken verlieren, denn sie beizubehalten wäre ebenso hoffnungslos wie gefährlich. Außerdem steht es unter dem Eindruck, es werde von ihm erwartet, daß es glaubt, daß seine Mutter aufrichtig ist und sich anständig verhält und daß seine Eltern glücklich verheiratet sind, und es wird sich diese Vorstellung bereitwillig zu eigen machen.

Bei allen diesen Beispielen geht es darum, ob der Gedanke das Ergebnis eigenen Denkens, das heißt eigenen Tätigseins ist. Es geht nicht darum, ob die Inhalte des Denkens richtig sind. Wie wir bereits bei der Wetterprognose des Fischers andeuteten, kann seine Ansicht, die auf eigenem Denken beruht, falsch und die des Mannes, der nur wiederholt, was ein anderer für ihn gedacht hat, richtig sein. Das Pseudo-Denken kann auch völlig logisch und rational sein. Sein Pseudo-Charakter äußert sich nicht unbedingt darin, daß es unlogisch ist. Man kann das an Rationalisierungen studieren, die sich bemühen, eine Handlung oder ein Gefühl mit rationalen und realistischen Beweggründen zu erklären, obwohl sie in Wirklichkeit von irrationalen und subjektiven Faktoren determiniert waren. Die Rationalisierung kann zwar auch im Widerspruch zu den Tatsachen oder zu den Regeln logischen Denkens stehen, häufig aber wird sie selbst logisch und rational sein. Ihre Irrationalität liegt dann darin, daß sie nicht das wirkliche Motiv für die Handlung darstellt, deren Ursache sie angeblich war.

Ein bekannter Witz ist ein gutes Beispiel für eine irrationale Rationalisierung: Eine Frau hat sich von einer Nachbarin einen Glaskrug ausgeliehen und ihn zerbrochen. Als sie aufgefordert wird, ihn zurückzugeben, antwortet sie: „Erstens habe ich ihn schon zurückgegeben; zweitens habe ich ihn mir nie von Ihnen ausgeliehen; und drittens war er schon kaputt, als Sie ihn mir gegeben haben." Ein Beispiel für eine „rationale" Rationalisierung ist es, wenn A, der sich in wirtschaftlicher Not befindet, seinen Verwandten B bittet, ihm etwas Geld zu leihen. B lehnt ab mit der Begründung, wenn er A Geld leihe, werde er nur dessen Leichtsinn Vorschub leisten und seine Neigung unterstützen, sich immer nur auf andere zu verlassen. Das mag durchaus stimmen, aber es ist trotzdem eine Rationalisierung, weil B das Geld A auf keinen Fall leihen wollte, und auch wenn er selbst glaubt, er sei um das Wohl von A besorgt, handelt er doch tatsächlich aus Geiz.

Es läßt sich daher nicht feststellen, ob wir es mit einer Rationalisierung zu tun haben, wenn wir lediglich untersuchen, ob eine Behauptung logisch ist; wir müssen auch die psychologischen Motivationen mit berücksichtigen, die in einem Menschen am Werk sind. Das Entscheidende ist nicht, *was* der Betreffende denkt, sondern *wie* er denkt. Ein dem eigenen aktiven Denken entspringender Gedanke ist stets neu und originell; originell nicht unbedingt in dem Sinn, daß ihn nicht andere schon zuvor gedacht hätten, jedoch stets in dem Sinn, daß derjenige, der denkt, sein Denken als Werkzeug benutzt, um etwas Neues in der Außenwelt oder in sich selbst zu entdecken. Den Rationalisierungen fehlt ihrem ganzen Wesen nach dieses Entdecken und Enthüllen; sie bestätigen lediglich unsere emotionalen Vorurteile. Die Rationalisierungen sind kein geeignetes Mittel, zur Wirklichkeit vorzustoßen, sondern nur *post factum* ein Versuch, die eigenen Wünsche mit der vorhandenen Wirklichkeit in Einklang zu bringen.

Man muß beim *Fühlen* genau wie beim Denken zwischen einem echten Gefühl, das aus uns selbst kommt, und einem Pseudo-Gefühl unterscheiden, das in Wirklichkeit nicht unser eigenes ist, auch wenn wir es dafür halten. Wählen wir ein Beispiel aus dem täglichen Leben, das für den Pseudo-Charakter unserer Gefühle im Verkehr mit anderen typisch ist: Wir beobachten einen Mann auf einer Abendgesellschaft. Er ist heiter, er lacht, er führt freundschaftliche Gespräche und scheint alles in allem recht glücklich und zufrieden zu sein. Beim Abschied lächelt er freundlich und sagt, wie gut es ihm gefallen habe. Die Tür fällt hinter ihm ins Schloß – und in diesem Augenblick bemerken wir, wenn wir ihn genau beobachten, daß sein Gesichtsausdruck sich plötzlich verändert. Das Lächeln ist verschwunden, was natürlich zu erwarten war, da er ja jetzt allein ist und nichts und niemand ihn mehr zum Lächeln veranlaßt. Aber die Veränderung, von der ich spreche, beschränkt sich nicht darauf, daß er nicht mehr lächelt. Ein Ausdruck tiefer Traurigkeit, ja fast Verzweiflung steht auf seinem Gesicht. Dieser Ausdruck dauert vermutlich nur ein paar Sekunden, dann nimmt das Gesicht wieder den üblichen maskenhaften Ausdruck an. Der Mann steigt in seinen Wagen und denkt über den Abend nach. Er fragt sich, ob er einen guten Eindruck gemacht hat, und hat das Gefühl, daß das der Fall war. Aber war „er" wirklich den ganzen Abend lang glücklich und vergnügt? War der flüchtige Ausdruck von Traurigkeit und Verzweiflung, den wir auf seinem Gesicht beobachteten, nur eine momentane Reaktion ohne größere Bedeutung? Diese Frage ist kaum zu beantworten, wenn wir nicht mehr über ihn wissen. Aber es gibt einen Schlüssel zum Verständnis der Bedeutung seiner Heiterkeit.

Er träumt nämlich in jener Nacht, er sei wieder im Krieg bei der A.E.F. (Amerikanische Streitkräfte in Übersee). Er hat den Befehl erhalten, sich durch die feindlichen Linien hindurch ins Stabsquartier des Gegners einzuschleichen. Er zieht eine Offiziersuniform an – offenbar eine deutsche – und findet sich plötzlich mitten in einer Gruppe deutscher Offiziere. Er ist überrascht, daß es im Stabsquartier so behaglich ist und daß alle so nett zu ihm sind, aber dabei bekommt er immer größere Angst, sie könnten merken, daß er ein Spion ist. Da kommt auch schon ein jüngerer Offizier, der ihm besonders sympathisch ist, auf ihn zu und sagt: „Ich weiß, wer Sie sind. Es gibt für Sie nur eine Möglichkeit, hier wieder 'rauszukommen. Erzählen Sie Witze! Lachen Sie und bringen Sie sie zum Lachen, damit sie so abgelenkt werden, daß sie Ihnen selbst keine Aufmerksamkeit mehr schenken." Er ist für diesen guten Rat dankbar und fängt an, Witze zu erzählen und laut zu lachen. Aber er übertreibt es schließlich so sehr, daß die anderen Verdacht schöpfen. Je argwöhnischer sie werden, um so krampfhafter werden seine Witze. Schließlich erfüllt ihn eine so furchtbare Angst, daß er nicht länger zu bleiben vermag. Er springt plötzlich vom Stuhl auf, und alle laufen hinter ihm her. Dann ändert sich die Szene, und er sitzt in einer Straßenbahn, die genau vor seinem Haus hält. Er ist in Zivil und fühlt sich erleichtert bei dem Gedanken, daß der Krieg vorüber ist.

Nehmen wir an, wir hätten die Möglichkeit, ihn am nächsten Tag zu fragen, was ihm im Zusammenhang mit den einzelnen Traumelementen einfällt. Wir wollen hier nur einige Assoziationen festhalten, die uns für das Verständnis des Hauptproblems, für das wir uns interessieren, besonders signifikant erscheinen. Die deutsche Uniform erinnert ihn daran, daß auf der Party am vergangenen Abend ein Gast war, der mit einem starken deutschen Akzent sprach. Es fällt ihm ein, daß er sich über diesen Mann geärgert hat, weil dieser Mann ihn kaum beachtete, obwohl er (der Träumer) sich doch bemühte, einen besonders guten Eindruck auf ihn zu machen. Während er sich das durch den Kopf gehen läßt, erinnert er sich, daß der Mann mit dem deutschen Akzent sich tatsächlich über ihn lustig gemacht und über eine seiner Äußerungen unverschämt gelächelt hatte. Zu dem behaglichen Raum, in dem sich das Stabsquartier befand, fällt ihm ein, daß er dem Zimmer ähnlich sah, in dem er letzte Nacht bei der Party gesessen hat, daß aber die Fenster aussahen wie die in dem Saal, in dem er früher einmal durch ein Examen gefallen war. Er wundert sich über diese Assoziation, aber es fällt ihm ein, daß er sich, bevor er zu der Party ging, Gedanken darüber gemacht hatte, ob er dort auch einen guten Eindruck machen würde; denn erstens war unter den Gästen der Bruder eines jungen Mädchens, für das er sich interessierte, und außerdem hatte der Gastgeber einen erheblichen Einfluß auf einen seiner Vorgesetzten, der ihm für sein berufliches Vorankommen äußerst wichtig war. Zu diesem Vorgesetzten bemerkt er, er sei ihm sehr unsympathisch, und er fühle sich gedemütigt, weil er ihm ein freundliches Gesicht zeigen müsse, und auch der Gastgeber sei ihm irgendwie unsympathisch gewesen, wenn er sich das auch nicht klargemacht hätte. Weiter assoziiert er, daß er eine komische Geschichte über einen Mann mit einer Glatze erzählt habe und ihm hinterher eingefallen sei, er könnte damit am Ende seinen Gastgeber gekränkt haben, weil dieser zufällig ebenfalls fast kahl sei. Mit dem Straßenbahnwagen kann er zunächst nichts anfangen, bis ihm einfällt, daß er ihn an den Straßenbahnwagen erinnert, in dem er als Junge zur Schule gefahren ist. Dann fällt ihm noch ein, daß er im Traum plötzlich selbst der Fahrer war und sich darüber wunderte, daß eine Straßenbahn fast genauso zu lenken war wie ein Auto. Offensichtlich vertrat der Straßenbahnwagen im Traum die Stelle seines Autos, mit dem er nach Hause gefahren war, und diese Heimfahrt erinnerte ihn an seinen Heimweg von der Schule.

Für jemand, der mit der Deutung von Träumen vertraut ist, werden die Verwicklungen dieses Traumes und die ihn begleitenden Assoziationen inzwischen klar sein, wenngleich ich die Assoziationen nur zum Teil erwähnt und praktisch nichts über die Persönlichkeitsstruktur dieses Mannes und über seine frühere und gegenwärtige Situation mitgeteilt habe. Der Traum enthüllt seine wahren Gefühle auf der Party. Er war ängstlich darauf bedacht, einen guten Eindruck zu machen, und hatte sich über einige Leute geärgert, bei denen er das Gefühl hatte, daß sie sich über ihn lustig machten und ihn nicht gebührend achteten. Der Traum zeigt, daß seine Heiterkeit ihm nur dazu diente, Angst und Ärger zu verbergen und gleichzeitig die für sich einzunehmen, über die er sich ärgerte. Die Heiterkeit war nichts als eine Maske. Sie kam ihm nicht von Herzen, sondern sie verdeckte nur, was „er" wirklich fühlte, nämlich Angst und Ärger. Das verunsicherte ihn so, daß er das Gefühl hatte, er wäre ein Spion in einem feindlichen Lager, der jeden Augenblick entlarvt werden konnte. Der flüchtige Ausdruck von Traurigkeit und Verzweiflung, den wir bei ihm beobachten konnten, als er das Haus verließ, wird hiermit bestätigt und ist damit zu erklären, daß sein Gesicht in diesem Augenblick das ausdrückte, was „er" wirklich fühlte, obwohl „er" sich dieses Gefühls nicht bewußt war. Der Traum gibt das Gefühl auf dramatische Weise deutlich wieder, wenn er sich auch nicht unverhüllt auf die Menschen bezieht, auf die sich seine Gefühle richteten.

Dieser Mann ist weder ein Neurotiker, noch stand er unter Hypnose. Es handelt sich bei ihm um einen ziemlich normalen Zeitgenossen, der von der üblichen Angst und dem üblichen Anerkennungsbedürfnis des heutigen Menschen erfüllt ist. Er ist sich nicht bewußt, daß seine Fröhlichkeit nicht *seine* Fröhlichkeit ist, weil er so daran gewöhnt ist, in jeder Situation das zu empfinden, was man gerade von ihm erwartet, daß es eher eine Ausnahme als die Regel wäre, wenn ihm etwas als „merkwürdig" auffallen würde.

Was für das Denken und Fühlen gilt, das gilt auch für das *Wollen.* Die meisten Menschen sind überzeugt, daß ihre Entschlüsse die ihren sind und daß es sich um ihr eigenes Wollen handelt, wenn sie etwas wollen, solange sie nicht von einer äußeren Macht offen zu etwas gezwungen werden. Aber das gehört zu den großen Illusionen, die wir uns über uns selber machen. Sehr viele unserer Entschlüsse sind nicht wirklich unsere Entscheidungen, sondern sie werden uns von außen suggeriert. Wir bringen es fertig, uns einzureden, es handele sich um unsere eigenen Entscheidungen, aber in Wirklichkeit verhalten wir uns so, wie es die anderen von uns erwarten, und das tun wir aus Angst vor der Isolierung und weil wir unser Leben, unsere Freiheit und unsere Behaglichkeit unmittelbar bedroht fühlen.

Wenn man ein Kind fragt, ob es gerne jeden Tag in die Schule geht, und die Antwort lautet: „Aber natürlich", dann ist es zweifelhaft, ob die Antwort stimmt. In vielen Fällen stimmt sie sicher nicht. Möglicherweise geht das Kind häufig ganz gern in die Schule, aber oft würde es lieber spielen oder etwas anderes tun. Wenn es das Gefühl hat, „ich möchte jeden Tag gern in die Schule gehen", besteht die Möglichkeit, daß es seine Abneigung gegen den regelmäßigen Schulbesuch verdrängt hat. Es hat das Gefühl, man erwartet von ihm, daß es täglich gerne in die Schule geht; dieser Druck ist stark genug, das Gefühl zum Verschwinden zu bringen, es gehe oft nur deshalb, weil es muß. Vielleicht wäre es glücklicher, wenn es sich darüber im klaren sein könnte, daß es manchmal gern geht und manchmal nur geht, weil es muß. Der Druck des Pflichtgefühls ist aber so groß, daß es das Gefühl bekommt, „es" wolle das, was man von ihm erwartet.

Man nimmt allgemein an, daß die meisten Menschen freiwillig heiraten. Sicher gibt es Fälle, wo Menschen bewußt aus Pflichtgefühl oder aus einer Verpflichtung heraus eine Ehe eingehen. Es gibt auch Fälle, wo ein Mann heiratet, weil „er" es wirklich will. Aber es gibt auch nicht wenige Fälle, wo ein Mann (oder natürlich auch eine Frau) bewußt glaubt, er *wolle* eine bestimmte Person heiraten, während er tatsächlich in eine Reihe von Ereignissen hineingeraten ist, die zur Heirat hinführen und die ihm jede Rückzugsmöglichkeit versperren. In den Monaten vor der Hochzeit ist er fest davon überzeugt, daß „er" heiraten möchte, und der erste, ziemlich späte Hinweis darauf, daß er es vielleicht doch lieber nicht täte, ist die Tatsache, daß er am Hochzeitstag plötzlich in Panik gerät und den Impuls fühlt wegzulaufen. Wenn er „vernünftig" ist, dauert dieses Gefühl nur wenige Minuten, und er beantwortet die Frage, ob er die Absicht habe, die Ehe einzugehen, fest überzeugt mit „Ja!".

Wir könnten noch viele Beispiele aus dem täglichen Leben anführen, wo Menschen scheinbar ihre Entscheidungen treffen und etwas Bestimmtes wollen, in Wirklichkeit aber einem inneren oder äußeren Druck nachgeben, wonach sie das zu wollen haben, was sie dann auch tun. Wenn man sieht, wie die Menschen ihre Entscheidungen treffen, ist man geradezu verblüfft darüber, wie häufig sie irrtümlicherweise einen eigenen Entschluß zu fassen glauben, während sie sich in Wirklichkeit nur an die Konvention halten oder aus Pflichtgefühl oder ganz einfach unter einem Druck handeln. Es sieht fast so aus, als sei ein „ureigener" Entschluß ein verhältnismäßig seltenes Phänomen in einer Gesellschaft, die doch angeblich die individuelle Entscheidungsfreiheit zum Eckstein ihrer Existenz gemacht hat.

Ich möchte noch ausführlich auf ein Beispiel jenes Pseudo-Wollens eingehen, das man häufig auch in der Analyse von Menschen beobachten kann, die keinerlei neurotische Symptome aufweisen. Dieser spezielle Fall gibt auch dem mit dem Wirken unbewußter Kräfte weniger vertrauten Leser Gelegenheit, deren Einfluß näher kennenzulernen. Außerdem komme ich mit diesem Beispiel noch einmal auf den Zusammenhang zwischen der Verdrängung und den Pseudo-Akten zurück, ein Problem, das wir zwar schon angedeutet, aber noch nicht gesondert behandelt haben. Wenn man sich auch mit der Verdrängung meist im Zusammenhang mit der Auswirkung verdrängter Kräfte auf neurotisches Verhalten, auf Träume usw. beschäftigt, scheint es mir doch angebracht darauf hinzuweisen, daß jede Verdrängung einen Teil unseres wirklichen Selbst auslöscht und uns zwingt, das von uns verdrängte Gefühl durch ein Pseudo-Gefühl zu ersetzen.

Bei dem Fall, den ich hier vorstellen möchte, handelt es sich um einen zweiundzwanzigjährigen Medizinstudenten. Er interessiert sich für seine Arbeit und kommt mit seinen Mitmenschen recht gut aus. Er ist nicht besonders unglücklich, wenn er auch oft etwas müde ist und keine rechte Lust am Leben hat. Er macht eine Analyse nur, weil er Psychiater werden möchte, und er klagt lediglich über eine gewisse Blockierung bei seinen medizinischen Studien. Er könne sich häufig nicht an Dinge erinnern, die er gerade erst gelesen habe, und werde bei den Vorlesungen ungewöhnlich schnell müde, auch schneide er bei den Prüfungen schlecht ab. Das Ganze sei ihm ein Rätsel, weil er sonst ein viel besseres Gedächtnis besitze. Er bezweifelt nicht, daß er Medizin studieren möchte, doch kommen ihm oft starke Zweifel, ob er auch die nötige Begabung dazu besitzt.

Nach einigen Wochen Analyse erzählt er einen Traum, bei dem er im obersten Geschoß eines von ihm selbst erbauten Hochhauses steht und mit einem leichten Triumphgefühl auf die anderen Gebäude hinabblickt. Plötzlich bricht das Hochhaus zusammen, und er wird unter den Trümmern begraben. Er merkt, daß man versucht, ihn auszugraben und hört jemanden sagen, er sei schwer verletzt, und der Arzt werde gleich kommen. Aber er hat das Gefühl, endlos lange auf den Arzt warten zu müssen. Als dieser endlich eintrifft, stellt er fest, daß er seine Instrumente vergessen hat und ihm deshalb nicht helfen kann. Da wird er auf den Arzt wütend, steht plötzlich auf und merkt, daß er ja überhaupt nicht verletzt ist. Er verhöhnt den Arzt, und in diesem Augenblick wacht er auf.

Er hat zu diesem Traum zwar nur wenige, aber dafür um so bedeutsamere Assoziationen. Zu dem von ihm gebauten Hochhaus bemerkt er beiläufig, er habe sich schon immer für Architektur interessiert. Als Kind sei es viele Jahre lang seine Lieblingsbeschäftigung gewesen, mit Bauklötzchen zu spielen, und mit siebzehn Jahren habe er Architekt werden wollen. Als er mit seinem Vater darüber gesprochen habe, habe dieser freundlich gesagt, es stünde ihm natürlich frei, seinen Beruf selbst zu wählen, doch er (der Vater) sei sicher, daß das nur ein Relikt aus der Kindheit mit ihren Wunschvorstellungen sei und daß er bestimmt in Wirklichkeit lieber Medizin studieren wolle. Der junge Mann dachte, der Vater habe wohl recht, und sprach nie mehr mit ihm darüber, sondern begann ganz selbstverständlich das Medizinstudium. Seine Assoziationen zu dem Arzt, der zu spät kam und seine Instrumente vergessen hatte, waren ziemlich unbestimmt und dürftig. Aber während er noch über diesen Teil des Traumes sprach, fiel ihm plötzlich ein, daß der Termin für seine Analyse geändert worden war und daß er zwar keine Einwände dagegen gemacht hatte, aber recht ärgerlich darüber gewesen war. Während er jetzt darüber spricht, kommt dieser Ärger wieder in ihm hoch. Er beschuldigt den Analytiker, er mache mit ihm, was er wolle, und sagt schließlich: „Na ja, ich kann ja sowieso nicht tun, was ich will." Er ist selbst über seinen Zorn und über diese Äußerung ganz erstaunt, denn bisher hatte er nichts gegen den Analytiker und gegen die analytische Arbeit mit ihm einzuwenden.

Einige Zeit danach hatte er einen anderen Traum, von dem er aber nur einen kleinen Teil behalten hatte: Sein Vater ist bei einem Autounfall verletzt worden. Er selbst ist Arzt und soll den Vater versorgen. Als er ihn aber untersuchen will, ist er völlig gelähmt und kann nichts tun. Er ist entsetzt und wacht auf.

Bei seinen Assoziationen erwähnt er widerstrebend, in den letzten Jahren sei ihm immer wieder der Gedanke gekommen, der Vater könne plötzlich sterben, und dieser Gedanke habe ihn erschreckt. Manchmal habe er sogar an das Erbe gedacht, das er ihm hinterlassen würde, und daran, was er damit anfangen würde. Er war jedoch mit diesen Phantasien nicht sehr weit gekommen und hatte sie jedesmal unterdrückt, wenn sie auftauchen wollten. Beim Vergleich dieses Traumes mit dem zuvor erwähnten fällt ihm auf, daß der Arzt in beiden Fällen nicht in der Lage war, wirksame Hilfe zu leisten. Er merkt deutlicher als je zuvor, daß er niemals ein guter Arzt werden wird. Als er darauf hingewiesen wird, daß er im ersten Traum einen ausgesprochenen Zorn und Hohn über den unfähigen Arzt empfunden hat, fällt ihm ein, daß jedesmal, wenn er von einem Arzt gehört oder gelesen habe, der unfähig war, seinen Patienten zu helfen, ein Gefühl des Triumphs in ihm aufgestiegen sei, das er sich aber damals nicht klargemacht habe.

Im weiteren Verlauf der Analyse kommt noch weiteres verdrängtes Material zutage. Zu seinem Erstaunen entdeckt er ein starkes Gefühl des Zorns auf seinen Vater und kommt außerdem dahinter, daß das Gefühl, als Arzt nichts zu taugen, nur Teil eines allgemeinen Gefühls der Ohnmacht ist, das sein ganzes Leben durchdringt. Obgleich er an der Oberfläche seines Bewußtseins glaubte, sein Leben nach eigenen Plänen gestaltet zu haben, fühlt er jetzt, daß er in einer tieferen Schicht von einem Gefühl der Resignation beherrscht war. Er merkt, daß er überzeugt war, nicht tun zu können, was er wollte, sondern daß er sich so verhalten mußte, wie man es von ihm erwartete. Es wird ihm immer klarer, daß er im Grunde nie Arzt werden wollte und daß das, was ihm wie mangelnde Begabung vorkam, nichts anderes als ein Ausdruck seines passiven Widerstandes war.

Dieser Fall ist ein typisches Beispiel dafür, daß jemand seine persönlichen Wünsche verdrängt und sich das, was andere von ihm erwarten, so zu eigen macht, daß er sich einbildet, er wolle es selbst. Man könnte auch sagen, daß an die Stelle des ursprünglichen Wunsches der Pseudo-Wunsch tritt.

Dieser Ersatz der ursprünglichen Akte des Denkens, Fühlens und Wollens durch Pseudo-Akte führt schließlich dazu, daß das ursprüngliche Selbst durch ein Pseudo-Selbst ersetzt wird. Das ursprüngliche Selbst ist der wirkliche Urheber alles geistigen Tätigseins. Das Pseudo-Selbst ist nur ein Stellvertreter, der die Rolle spielt, die man von ihm erwartet, der aber dies im Namen des Selbst tut.

Freilich kann jemand auch viele Rollen spielen und subjektiv überzeugt sein, in jeder dieser Rollen „er" zu sein. Tatsächlich aber ist er in allen diesen Rollen das, wovon er glaubt, daß man es von ihm erwartet, und bei vielen Menschen, wenn nicht gar bei den meisten, wird das ursprüngliche Selbst vom Pseudo-Selbst völlig erstickt. Manchmal kommt in einem Traum, in Phantasien oder wenn der Betreffende betrunken ist, etwas von dem ursprünglichen Selbst zum Vorschein – Gefühle und Gedanken, die er jahrelang nicht mehr gehabt hat. Oft handelt es sich um schlimme Dinge, die er verdrängte, weil er Angst davor hatte oder sich ihrer schämte. Manchmal handelt es sich aber auch um das Beste in ihm, das er verdrängt hat, aus Angst, man würde ihn auslachen oder angreifen. (...)

In welcher Beziehung steht der gegenwärtige Mensch zu sich selbst? Ich habe die Beziehung als Marketing-Orientierung bezeichnet (vgl. E. Fromm, 1947a, GA II). Bei dieser Orientierung erlebt sich der Mensch als ein Ding, das auf dem Markt erfolgreich eingesetzt wird. Er erlebt sich nicht als tätiger Urheber, als Träger menschlicher Kräfte. Er ist diesen Kräften entfremdet. Sein Ziel ist, sich gewinnbringend auf dem Markt zu verkaufen. Sein Selbstgefühl beruht nicht auf seiner Tätigkeit als liebender und denkender Einzelmensch, sondern auf seiner sozio-ökonomischen Rolle. Wenn Dinge sprechen könnten, so würde eine Schreibmaschine auf die Frage „Wer bist du?" antworten: „Ich bin eine Schreibmaschine." Ein Auto würde antworten: „Ich bin ein Ford" oder „ein Buick" oder „ein Cadillac". Fragte man einen Menschen: „Wer bist du?", dann antwortet er: „Ich bin Fabrikant", „Ich bin Büroangestellter", „Ich bin Arzt" oder: „Ich bin ein verheirateter Mann", „Ich bin Vater von zwei Kindern", und seine Antwort hat ziemlich die gleiche Bedeutung, wie es die eines entsprechenden *Dinges* haben würde. Es ist dies die Art, wie man sich erlebt, nicht als einen Menschen mit seiner Liebe, seiner Angst, seinen Überzeugungen und Zweifeln, sondern als eine der realen Natur entfremdete Abstraktion, die im Gesellschaftssystem eine bestimmte Funktion erfüllt.

Des Menschen Wertgefühl hängt von seinem Erfolg ab, ob er sich gewinnbringend verkaufen kann, ob er mehr aus sich zu machen weiß als er zu Anfang seiner Laufbahn war – kurz, ob er „ein Erfolg ist". Sein Körper, sein Geist und seine Seele sind sein Kapital, und seine Lebensaufgabe besteht darin, dieses vorteilhaft zu investieren, einen Profit aus sich zu ziehen. Menschliche Eigenschaften wie Freundlichkeit, Höflichkeit und Güte werden zu Gebrauchswaren, zu Aktivposten des „Persönlichkeitspakets", die zu einem höheren Preis auf dem Personenmarkt verhelfen. Gelingt es jemandem nicht, sich gewinnbringend zu investieren, so hat er das Gefühl, daß *er* ein Versager ist; ist er erfolgreich, so ist es *sein* Erfolg. Natürlich hängt seine eigene Wertschätzung stets von Faktoren außerhalb seiner selbst ab, vom launenhaften Urteil des Marktes, der über seinen Wert genauso entscheidet wie über den Wert von Gebrauchswaren. Wie alle Waren, die auf dem Markt nicht vorteilhaft zu verkaufen sind, ist dann auch er – in bezug auf seinen Tauschwert – wertlos, selbst dann, wenn sein Gebrauchswert beträchtlich sein mag.

Die zum Verkauf stehende Persönlichkeit muß einen erheblichen Teil ihres Gefühls der eigenen Würde einbüßen, das selbst in den primitivsten Kulturen für den Menschen so charakteristisch ist. Ein solcher sich selbst entfremdeter Mensch muß fast sein ganzes Selbst-Gefühl, das Gefühl, ein einzigartiges und nicht wiederholbares Wesen zu sein, verlieren. Das Selbst-Gefühl entstammt der Erfahrung von mir selbst als dem Subjekt *meiner* Erfahrungen, *meiner* Gedanken, *meiner* Gefühle, *meiner* Entscheidungen, *meines* Urteilens und *meines* Handelns. Es hat zur Voraussetzung, daß meine Erfahrung wirklich meine eigene und kein entfremdetes Erlebnis ist. Die *Dinge* besitzen kein Selbst, und Menschen, die zu Dingen geworden sind, können kein Selbst besitzen.

Der heutige Mensch hat sich von äußeren Fesseln befreit, die ihn daran hindern könnten, das zu tun und zu denken, was er für richtig hält. Er möchte die Freiheit haben, nach seinem eigenen Willen zu handeln, wenn er nur wüßte, was er will, denkt und fühlt. Aber eben das weiß er nicht. Er richtet sich dabei nach anonymen Autoritäten und nimmt ein Selbst an, das nicht das seine ist. Je mehr er das tut, um so ohnmächtiger fühlt er sich, um so mehr sieht er sich gezwungen sich anzupassen. Trotz allem dick aufgetragenen Optimismus und trotz aller äußerlichen Initiative ist der heutige Mensch vom Gefühl einer tiefen Ohnmacht erfüllt.

6
„Der heutige Mensch ist vom Gefühl einer tiefen Ohnmacht erfüllt"

Der gegenwärtige Mensch hat mehr als der Mensch irgendeiner früheren Geschichtsepoche den Versuch gemacht, das Leben der Gesellschaft nach rationalen Prinzipien zu ordnen, es in der Richtung des größten Glückes für die größte Zahl der Menschen zu verändern und den einzelnen aktiv an dieser Veränderung zu beteiligen. Er hat gleichzeitig die Natur in einem bisher nie gekannten Maß bezwungen. Seine technischen Leistungen und Erfindungen stehen einer Verwirklichung aller Träume nahe, die je von der Herrschaft des Menschen über die Natur und seiner Macht geträumt worden sind. Er hat einen bisher ungeahnten Reichtum geschaffen, der zum ersten Mal in der Geschichte die Möglichkeit eröffnet, die materiellen Bedürfnisse aller Menschen zu befriedigen. Nie zuvor ist der Mensch so Meister der materiellen Welt gewesen.

Andererseits aber weist der gegenwärtige Mensch gerade schroff entgegengesetzte Charakterzüge auf. Er produziert eine Welt der großartigsten und wunderbarsten Dinge; aber diese seine eigenen Geschöpfe stehen ihm fremd und drohend gegenüber; sind sie geschaffen, so fühlt er sich nicht mehr als ihr Herr, sondern als ihr Diener. Die ganze materielle Welt wird zum Monstrum einer Riesenmaschine, die ihm Richtung und Tempo seines Lebens vorschreibt. Aus dem Werk seiner Hände, bestimmt, ihm zu dienen und ihn zu beglücken, wird eine ihm entfremdete Welt, der er demütig und ohnmächtig gehorcht.

Die folgenden Ausführungen haben nur die *eine* Seite des hier angedeuteten Zwiespalts zum Gegenstand, das Gefühl der Ohnmacht. Es ist in der Beschreibung und Analyse des gegenwärtigen Menschen bisher immer zu kurz gekommen. Ein wichtiger Grund hierfür liegt auf der Hand: Das Gefühl der Ohnmacht ist dem gegenwärtigen Menschen – im Gegensatz zu bestimmten Typen religiöser Menschen – im wesentlichen nicht bewußt und auf Grund rein deskriptiv-psychologischer Methoden kaum zu erfahren. Es erscheint uns deshalb ein gangbarer Weg, zum Verständnis des hier gemeinten sozialpsychologischen Phänomens vorzudringen, wenn wir von Beobachtungen ausgehen, wie sie die Psychoanalyse Einzelner erlaubt. Gewiß bleibt es weiteren sozialpsychologischen Forschungen vorbehalten, die Allgemeinheit des hier geschilderten Gefühls zu untersuchen. Es ist aber ein erster Schritt auf diesem Wege, den hier zugrunde liegenden seelischen Mechanismus in seiner Struktur, seinen Bedingungen und seinen Wirkungen auf das Verhalten von Individuen darzustellen. Die extremen Fälle des Ohnmachtsgefühls finden wir nur bei neurotischen Persönlichkeiten; doch lassen sich die Ansätze des gleichen Gefühls auch beim gesunden Menschen unserer Zeit unschwer entdecken. Zur Beschreibung des Gefühls und seiner Folgeerscheinungen eignen sich neurotische Fälle der größeren Deutlichkeit wegen freilich besser, und wir werden uns deshalb im folgenden meistens auf sie beziehen. Das Ohnmachtsgefühl ist bei neurotischen Menschen so regelmäßig vorhanden und stellt einen so zentralen Teil ihrer Persönlichkeitsstruktur dar, daß sich vieles dafür sagen ließe, die Neurose geradezu von diesem Ohnmachtsgefühl her zu definieren. In jeder Neurose, Symptom- oder Charakterneurose, handelt es sich darum, daß ein Mensch nicht imstande ist, bestimmte Funktionen auszuüben, daß er etwas nicht tun kann, was er können sollte, und daß diese Unfähigkeit mit einer tiefen Überzeugung von der eigenen Schwäche und Machtlosigkeit einhergeht, sei es, daß diese Überzeugung bewußt ist oder daß es sich um eine „unbewußte Überzeugung" handelt.

In den neurotischen Fällen wird der Inhalt des Ohnmachtsgefühls etwa folgendermaßen beschrieben: *Ich kann nichts beeinflussen, nichts in Bewegung setzen, durch meinen Willen nicht erreichen, daß irgend etwas in der Außenwelt oder in mir selbst sich ändert, ich werde nicht ernstgenommen, bin für andere Menschen Luft.* Folgender Traum einer Analysandin gibt eine schöne Illustration des Ohnmachtsgefühls:

Sie hatte in einem Drugstore etwas getrunken und eine Zehndollarnote in Zahlung gegeben. Nachdem sie ausgetrunken hatte, verlangt sie vom Kellner den Restbetrag. Er antwortet ihr, den habe er ihr doch längst gegeben und sie solle nur richtig in ihrer Tasche nachsehen, dann werde sie ihn schon finden. Sie kramt alle ihre Sachen durch und findet natürlich den Betrag nicht. Der Kellner antwortet in kühl überlegenem Ton, es sei nicht seine Sache, wenn sie das Geld verloren habe, und er könne sich nicht weiter damit befassen. Voller Wut rennt sie auf die Straße, um einen Polizisten zu holen. Sie findet zunächst eine Polizistin, der sie die Geschichte erzählt. Diese geht auch in den Drugstore und verhandelt mit dem Kellner. Als sie zurückkommt, sagt sie der Träumerin lächelnd überlegen, es sei ja klar, daß sie das Geld bekommen habe, „sehen Sie nur richtig nach, und Sie werden es schon finden". Die Wut steigert sich, und sie läuft zu einem Polizisten, um ihn zu bitten einzuschreiten. Dieser gibt sich kaum Mühe zuzuhören und antwortet ganz von oben herab, um solche Sachen könne er sich nicht kümmern und sie solle machen, daß sie weiterkomme. Endlich geht sie in den Drugstore zurück. Da sitzt der Kellner in einem Lehnsessel und fragt sie grinsend, ob sie sich nun endlich beruhigt hätte. Sie gerät in ohnmächtige Wut.

Die Objekte, auf die sich das Ohnmachtsgefühl bezieht, sind sehr mannigfaltig. Zunächst und in erster Linie bezieht es sich auf Menschen. Es besteht die Überzeugung, daß man andere Menschen in keiner Weise beeinflussen könne; man kann sie weder kontrollieren noch von ihnen erreichen, daß sie das tun, was man will. Solche Charaktere sind häufig sehr erstaunt, wenn sie hören, daß ein anderer über sie in ernsthafter Weise gesprochen oder gar sich auf sie oder eine Meinung von ihnen bezogen hat. Ihre realen Fähigkeiten haben damit nichts zu tun. Ein Analysand, der auf seinem wissenschaftlichen Gebiet außerordentliches Ansehen genoß und vielfach zitiert wurde, war jedesmal von neuem überrascht, daß ihn überhaupt jemand ernst nahm und dem, was er sagte, irgendwelche Bedeutung zumaß. Auch die lange Erfahrung, daß dies tatsächlich so war, hatte an dieser Einstellung kaum etwas geändert. Solche Menschen glauben auch nicht, daß sie irgend jemanden kränken können, sie sind gerade deshalb häufig in ungewöhnlichem Maße zu aggressiven Äußerungen imstande und völlig davon überrascht, daß ein anderer beleidigt ist. Wenn man dieser Überraschung nachgeht, so stellt sich als Grund dafür eben die tiefe Überzeugung heraus, sie könnten überhaupt nicht ernst genommen werden.

Diese Menschen glauben nicht daran, sie vermöchten irgend etwas dazu zu tun, daß jemand sie liebt oder gern hat. Sie machen auch gar keine Anstrengung, aus sich herauszugehen, sich in aktiver Weise so zu verhalten, wie es nötig wäre, um Liebe und Sympathie anderer zu gewinnen. Wenn dies dann natürlich ausbleibt, so ziehen sie die Folgerung, daß sie niemand liebt, und sehen nicht, daß hier eine optische Täuschung vorliegt. Während sie meinen, daß infolge irgendwelcher Mängel oder unglücklicher Umstände sich keiner findet, der sie liebt, ist es in Wirklichkeit ihre Unfähigkeit zu irgendeiner Anstrengung, die Liebe anderer zu gewinnen, die an der Wurzel des von ihnen beklagten Zustandes liegt. Da sie nicht glauben, daß sie irgend etwas dazu tun können, um geliebt zu werden, konzentriert sich alle ihre Aufmerksamkeit auf die in ihnen einmal vorhandenen Qualitäten, wie sie sie von Geburt mitbekommen haben. Sie sind ständig von dem Gedanken erfüllt, ob sie klug, schön, gut genug wären, um andere anzuziehen. Die Frage lautet immer: „Bin ich klug, schön usw., oder bin ich es nicht?" Das müsse man herausfinden, denn die Möglichkeit, sich aktiv zu verändern und die anderen zu beeinflussen, gibt es für sie nicht. Das Resultat ist dann gewöhnlich ein tiefes Minderwertigkeitsgefühl, daß man eben die Qualitäten nicht hat, die nötig wären, um Liebe und Sympathie zu finden. Soweit es sich um den Wunsch nach Anerkennung und Wertschätzung handelt, ist es nicht anders. Solche Menschen denken zwangsmäßig darüber nach, ob sie so begabt wären, um die Bewunderung aller anderen hervorzurufen. Ihr Ohnmachtsgefühl hindert sie aber daran, Anstrengungen zu machen, zu arbeiten, zu lernen, etwas zu produzieren, was die andern wirklich anerkennen oder bewundern. Ein Selbstgefühl, das zwischen Größenideen und dem Gefühl der absoluten Wertlosigkeit schwankt, ist gewöhnlich das Resultat.

Eine andere wichtige Folge des Ohnmachtsgefühls vor Menschen ist die *Unfähigkeit, sich gegen Angriffe zu verteidigen.* Das kann sich auf körperliche Angriffe beziehen, und die Folge ist dann ein mehr oder weniger ausgeprägtes

Gefühl der körperlichen Hilflosigkeit. Dies führt häufig dazu, daß Menschen von den in ihnen vorhandenen körperlichen Kräften im Falle der Gefahr keinerlei Gebrauch machen können, daß sie wie gelähmt sind und gar nicht auf den Gedanken kommen, sich auch nur wehren zu können. In der Praxis sehr viel wichtiger als die Unfähigkeit zur Verteidigung gegen körperliche Bedrohung ist die Verteidigungsunfähigkeit gegen alle anderen Arten von Angriffen. Man findet in diesen Fällen, daß Menschen jede gegen sie gerichtete Kritik, ungerechtfertigte wie gerechtfertigte, einfach hinnehmen und nicht imstande sind, Gegenargumente vorzubringen. Manchmal wissen sie, daß die Kritik ungerechtfertigt ist und können nur zu ihrer Verteidigung nichts äußern. In extremen Fällen geht aber die Hilflosigkeit so weit, daß sie auch nicht mehr imstande sind zu fühlen, daß sie ungerechtfertigt kritisiert werden, und jede Kritik oder jeden Vorwurf als berechtigt innerlich akzeptieren. Die gleiche Verteidigungsunfähigkeit bezieht sich häufig auch auf alle Arten von Beleidigungen und Demütigungen. Auch hier schwankt das Verhalten zwischen einer Unfähigkeit, auf die Beleidigung entsprechend zu antworten, und einem willigen Hinnehmen in der Überzeugung, der andere habe Recht und Grund, sie zu demütigen. Oft geht es so, daß erst nach Stunden oder Tagen die Tatsache der Unberechtigtheit eines Vorwurfs oder der Unverschämtheit einer Beleidigung ins Bewußtsein kommt. Dann fallen häufig den Betreffenden alle Argumente ein, die sie zur Entkräftung des Vorwurfs hätten gebrauchen, oder alle Grobheiten, die sie auf die Beleidigung hin hätten äußern können. Sie führen sich die Situation wieder und wieder vor Augen, phantasieren bis in alle Details, wie sie es hätten machen sollen, steigern sich in eine Wut, die sich manchmal mehr gegen den anderen, manchmal mehr gegen sie selbst richtet, um doch bei der nächsten Gelegenheit wieder genauso gelähmt und hilflos einem Angriff gegenüberzustehen.

Das Ohnmachtsgefühl tritt Dingen gegenüber ebenso in Erscheinung wie Menschen. Es führt dazu, daß sich Menschen in jeder Situation, die ihnen nicht geläufig ist, *völlig hilflos fühlen*. Es kann sich darum handeln, daß sie sich in einer fremden Stadt außerstande fühlen, sich allein zurechtzufinden, oder daß sie bei einer Autopanne ganz unfähig sind, auch nur den leisesten Versuch zu unternehmen nachzusehen, wo die Störung liegen kann, oder daß sie bei einer Wanderung, bei der sie über einen kleinen Bach springen müssen, sich völlig gelähmt fühlen, dies zu tun, oder daß sie unfähig sind, sich ihr Bett zu machen oder sich etwas zu kochen, wenn die Situation es erfordert. Ein Verhalten, welches man als besonders unpraktisch oder ungeschickt bezeichnet, geht häufig auf das Ohnmachtsgefühl zurück. Wir vermuten, daß auch beim Schwindelgefühl auf Höhen das Ohnmachtsgefühl nicht selten die Wurzel darstellt. Das Ohnmachtsgefühl äußert sich auch im Verhältnis zur eigenen Person. Ja, hier liegen vielleicht seine wichtigsten Folgen für das Individuum. Eine Erscheinungsform des Ohnmachtsgefühls auf dieser Ebene ist die Hilflosigkeit gegenüber den in einem selbst wirksamen Trieben und Ängsten. Es fehlt völlig der Glaube, daß man auch nur den Versuch machen könne, seine Triebe oder Ängste zu kontrollieren. Das Motto ist eben immer: „Ich bin einmal so, und daran kann ich nichts ändern." Nichts scheint überhaupt unmöglicher, als sich zu ändern. Sie können ihr Leben damit zubringen, darüber zu jammern und zu klagen, wie schrecklich sie unter dieser oder jener Eigenschaft leiden, sie können auch bewußt sich äußerst bereit zeigen, sich zu ändern, aber bei näherer Beobachtung wird deutlich, daß sie deshalb nur um so hartnäckiger an der Überzeugung festhalten, sie selbst könnten nichts ändern. In manchen Fällen ist die Diskrepanz zwischen dieser unbewußten Überzeugung und den bewußten kompensierenden Veranstaltungen geradezu grotesk. Ob solche Menschen von einem Arzt zum anderen oder von einer religiösen oder philosophischen Lehre zu anderen laufen, ob sie jede Woche einen neuen Plan haben, wie sie sich ändern können, oder von jeder Liebesbeziehung erwarten, daß sie die große Änderung vollbringe, alle diese Geschäftigkeit und bewußte Anstrengung ist doch nur der Schirm, hinter dem sie sich im Gefühl der tiefsten Ohnmacht verstecken.

Wie schon oben erwähnt, glauben sie nicht daran, ihre Wünsche durchsetzen und selbständig etwas erreichen zu können. Menschen dieser Art warten immer auf etwas und sind tief davon überzeugt, daß sie zum Ergebnis nichts tun können. Sehr häufig geht dieses Gefühl so weit, daß sie es aufgeben, überhaupt etwas zu wünschen oder zu wollen, ja, daß sie gar nicht mehr wissen, was sie eigentlich wünschen. Gewöhnlich tritt an die Stelle der eigenen Wünsche die Erwägung, was andere von ihnen erwarten. Ihre Entscheidungen nehmen zum Beispiel die Form an, darüber nachzugrübeln, daß, wenn sie diesen Schritt tun, ihre Frau ihnen böse ist, und wenn sie einen anderen Schritt tun, ihr Vater. Sie entscheiden sich zum Schluß nach der Richtung, wo sie das Bösesein am wenigsten fürchten, aber es kommt überhaupt nicht zur Aufrollung der Frage, was sie eigentlich am liebsten tun möchten. Die Folge ist häufig, daß solche Menschen bewußt oder unbewußt das Gefühl haben, von anderen vergewaltigt zu werden, wütend darüber sind und doch nicht sehen, daß sie es in erster Linie sind, die sich vergewaltigen lassen.

Der Grad der Bewußtheit des Ohnmachtsgefühls schwankt nicht weniger als der seiner Intensität. In vielen Fällen ist es als solches bewußt. Hier handelt es sich allerdings um Fälle schwerer Neurosen, in denen die Leistungsfähigkeit und das soziale Funktionieren der Menschen so eingeschränkt sind, daß sie des Zwanges enthoben sind, sich über das Gefühl ihrer Ohnmacht hinwegzutäuschen. Der Betrag an seelischem Leiden, der mit der völligen Bewußtheit des Ohnmachtsgefühls verknüpft ist, ist kaum zu überschätzen. Das Gefühl tiefer Angst, der Sinnlosigkeit des eigenen Lebens, ist regelmäßig in solchen Fällen gegeben. Allerdings finden sich in schweren Neurosen auch die gleichen Wirkungen des Ohnmachtsgefühls, ohne daß dieses als solches überhaupt bewußt wäre. Es bedarf häufig langwieriger analytischer Arbeit, um das unbewußte Ohnmachtsgefühl ins Bewußtsein zu heben und mit seinen Folgeerscheinungen zu verknüpfen. Aber auch da, wo dieses Gefühl bewußt ist, zeigt sich gewöhnlich in der Analyse, daß das nur für einen kleinen Teil seines Umfangs gilt. Es stellt sich meist heraus, daß die tiefe Angst, die das Ohnmachtsgefühl begleitet, bewirkt, daß es nur in sehr abgeschwächter Form ins Bewußtsein zugelassen wird.

Ein erster Versuch, das Quälende des Gefühls zu überwinden, liegt in einer Reihe von *Rationalisierungen*, die das Ohnmachtsgefühl begründen sollen. Die wichtigsten der begründenden Rationalisierungen sind folgende: Die Ohnmacht wird auf körperliche Mängel zurückgeführt. In solchen Fällen bestehen die Menschen darauf, körperlich schwach zu sein, keine Anstrengungen zu vertragen, diesen oder jenen körperlichen Defekt zu haben, „leidend" zu sein. Damit gelingt es ihnen, das Ohnmachtsgefühl, das in Wirklichkeit psychische Wurzeln hat, auf körperliche Mängel zurückzuführen, die ihnen nicht zur Last zu legen sind und an denen sich auch im Prinzip nichts ändern läßt. Eine andere Form der begründenden Rationalisierungen ist die Überzeugung, durch bestimmte Lebenserfahrungen so geschädigt worden zu sein, daß ihnen alle Aktivität und aller Mut geraubt wurde. Bestimmte Erlebnisse in der Kindheit, unglückliche Liebe, ein finanzieller Zusammenbruch, Enttäuschungen mit Freunden werden als die Ursachen für die eigene Hilflosigkeit angesehen. Ein simplifizierendes Mißverständnis der psychoanalytischen Theorie hat diese Rationalisierungen in mancher Hinsicht noch erleichtert. Es gibt manchen Menschen den Vorwand zu dem Glauben, daß sie ihre Ohnmacht der Tatsache verdanken, daß sie mit drei Jahren einmal von der Mutter Schläge bekommen haben oder daß sie mit fünf Jahren von einem älteren Bruder ausgelacht worden sind.

Eine andere Form der begründenden Rationalisierungen erweist sich oft als besonders verhängnisvoll, nämlich die Tendenz, in der Phantasie oder auch in Wirklichkeit eine Schwierigkeit auf die andere zu türmen und damit das Gefühl zu haben, daß die Aussichtslosigkeit der realen Situation es verständlich macht, wenn man sich ihr gegenüber hilflos fühlt. Was sich hier abspielt, ist zum Beispiel folgendes: Ein Beamter soll einen Bericht schreiben und fühlt sich dieser Aufgabe gegenüber hilflos. Während er an seinem Schreibtisch sitzt und das Gefühl seiner Schwäche wahrnimmt, geht ihm durch den Kopf, daß er Angst hat, seine Stelle zu verlieren, daß seine Frau krank ist, daß sein Freund ihm böse sein wird, weil er ihm so lange nicht geschrieben hat, daß es im Zimmer zu kalt ist, bis er endlich in seiner Phantasie eine so traurige und aussichtslose Situation zusammengebraut hat, daß das Gefühl der Ohnmacht als das ganz natürliche und adäquate Kapitulieren vor zu großen Schwierigkeiten erscheint. Noch verhängnisvoller ist es, wenn sich die Tendenz, die Situation zu verschlimmern, nicht nur auf Phantasien beschränkt, sondern sich auf das Verhalten in der Wirklichkeit erstreckt. Der Betreffende wird darum geneigt sein, wirklich krank zu werden, seinen Chef so zu provozieren, daß er ihn in der Tat entläßt, mit seiner Frau Streit anzufangen, so daß den ganzen Tag Unfriede im Hause herrscht, und wenn ihm alles dies gelungen ist, fühlt er sich völlig gerechtfertigt, seine Ohnmacht als durch die Unerträglichkeit der äußeren Verhältnisse begründet anzusehen. Gewiß hat die hier geschilderte Tendenz, sich in der Phantasie oder in Wirklichkeit Leiden zuzufügen, sich schwach und unglücklich zu machen, noch andere Wurzeln. Dies zu erörtern führt in das Problem des Masochismus, auf das wir hier nicht eingehen können. (Vgl., hierzu E. Fromm, 1936a, sowie K. Horney, 1937.) Die Rationalisierung des eigenen Ohnmachtsgefühls ist aber sicherlich einer der Faktoren, der für die Tendenz zur phantasierten oder realen Steigerung des eigenen Leidens verantwortlich ist.

Eine andere Gruppe von Rationalisierungen tritt in Erscheinung, wenn das Ohnmachtsgefühl weniger bewußt ist als in den eben besprochenen Fällen. Die Rationalisierungen haben dann weniger einen begründenden als vielmehr einen tröstenden Charakter und dienen dazu, die Hoffnung zu erwecken, daß die eigene Ohnmacht nur eine vorübergehende sei. Die zwei wichtigsten Formen dieser tröstenden Rationalisierungen sind der Glaube an das Wunder und der Glaube an die Zeit. Beim Glauben an das Wunder dreht es sich um die Vorstellung, durch irgendein von außen eintretendes Ereignis werde plötzlich die eigene Ohnmacht verschwinden und alle Wünsche nach Erfolg, Leistung, Macht und Glück erfüllt werden. Die Formen, in denen dieser Glaube auftritt, sind äußerst mannigfaltig.

Häufig ist es so, daß man erwartet, irgendeine Veränderung in äußeren Lebensumständen werde den Umschwung bringen, sei es eine neue Liebesbeziehung, der Umzug in eine andere Stadt oder eine andere Wohnung, ein neuer Anzug, ein neues Jahr oder auch nur ein frischer Bogen Papier, auf dem die Arbeit besser gehen wird. Bei religiösen Menschen nimmt der Glaube an das Wunder zuweilen die Form an, Gott werde plötzlich in das Schicksal eingreifen. Eine weitere Form des Wunderglaubens ist die, daß durch bestimmte Menschen das eigene Schicksal geändert werde. Ein häufiges Beispiel hierfür sind Menschen, die von einem Arzt zum anderen laufen und jedesmal erwarten, er werde das Wunder vollbringen. Das Gemeinsame an all diesen tröstenden Illusionen ist immer, daß man selbst nichts zum gewünschten Erfolg zu tun braucht, auch gar nichts dazu tun kann, sondern daß eine außerhalb des Menschen stehende Macht oder Konstellation plötzlich das Gewünschte vollbringt.

Eine besondere Form dieses Wunderglaubens ist der Ersatz kausaler Beeinflussung durch magische Handlungen, die dem Bewußtsein die Illusion eigener Aktivität gestatten. Der Inhalt der magischen Geste kann sehr verschieden sein. Ob es sich darum handelt, einem Bettler ein Almosen zu geben, einer alten Tante einen Besuch zu machen, aufs korrekteste seine Pflicht zu erfüllen oder vor dem Beginn der Arbeit dreimal bis dreißig zu zählen, die Erwartung ist immer dieselbe. Wenn ich dies oder jenes tue, dann wird sich alles so wenden, wie ich es wünsche. Wie bei allen magischen Handlungen tritt an die Stelle der objektiven Beeinflussung ein rein in Gedanken des Subjekts vorhandener Kausalnexus. Häufig wird es den betreffenden Menschen gar nicht bewußt, daß sie eine bestimmte Handlung im Sinne einer magischen Geste ausführen, häufig, vor allem bei Zwangsneurotikern, kann die magische Geste zu einem äußerst quälenden Zeremoniell ausarten. Gerade in der Stärke des Ohnmachtsgefühls und der magischen Gesten als seiner spezifischen Überwindung liegt eine der Charakteristiken der Zwangsneurose.

Beim Glauben an die Zeit fehlt das Moment der Plötzlichkeit der Veränderung. Statt dessen besteht die Erwartung, daß sich „mit der Zeit" schon alles machen werde. Von Konflikten, zu deren Lösung man sich selbst außerstande fühlt, wird erwartet, daß die Zeit sie schon lösen werde, ohne daß man selbst das Risiko einer Entscheidung auf sich nehmen muß. Besonders häufig findet man diesen Glauben an die Zeit mit Bezug auf die eigenen Leistungen. Menschen trösten sich über die Tatsache nicht nur, daß sie nichts von dem vollbringen, was sie leisten wollen, sondern auch, daß sie selbst keine Vorbereitungen dazu treffen, damit hinweg, sie hätten ja noch lange Zeit und es sei kein Grund, sich zu eilen. Ein Beispiel für diesen Mechanismus ist der Fall, in dem ein sehr begabter Schriftsteller, der ein Buch schreiben wollte, das seiner Meinung nach zu einem der wichtigsten Bücher der Weltliteratur gehören würde, nicht mehr tat, als eine Reihe von Gedanken über das zu haben, was er schreiben wollte, in Phantasien zu schwelgen, welche epochemachende Wirkung sein Buch haben würde, und seinen Freunden zu erzählen, es sei schon fast fertig. In Wirklichkeit hatte er noch nicht eine Zeile davon geschrieben, obwohl er schon seit sieben Jahren an dem Buch „arbeitete". Je älter solche Menschen werden, desto krampfhafter müssen sie an der Illusion festhalten, die Zeit werde es bringen. Bei vielen führt das Erreichen eines bestimmten Alters – häufig um den Beginn der Vierzig herum – entweder zu einer Ernüchterung, zu einem Aufgeben der Illusion und zu einer Anstrengung, die eigenen Kräfte zu benutzen, oder zu einem neurotischen Zusammenbruch, der mit darauf beruht, daß das Leben ohne die tröstende Zeitillusion unerträglich wird.

Handelt es sich bei den tröstenden Rationalisierungen noch darum, daß das Gefühl der Ohnmacht vage bewußt ist, aber sein Stachel durch die Hoffnung auf seine Überwindung gemildert wird, so geht eine dritte Reaktion noch weiter in der Unterdrückung des Ohnmachtsgefühls. Hier wird es durch ein überkompensierendes Verhalten und verdeckende Rationalisierungen ersetzt. Der häufigste Fall solcher Überkompensierungen ist der der Geschäftigkeit. Wir finden, daß Menschen, die ein tiefes Ohnmachtsgefühl verdrängt haben, besonders aktiv und geschäftig sind, und zwar bis zu einem Grade, daß sie vor sich selbst und anderen gerade als das Gegenteil von ohnmächtigen Menschen erscheinen. Solche Menschen müssen immer etwas tun. Wenn sie sich in ihrer Stellung bedroht fühlen, so verhalten sie sich nicht so, wie wir es oben geschildert haben, daß sie Schwierigkeiten über Schwierigkeiten türmen, um sich ihre Unfähigkeit, irgend etwas zu unternehmen, zu beweisen, sie schwelgen auch nicht in Phantasien über ein Wunder, was geschehen werde, sondern sie fangen an, von Pontius zu Pilatus zu laufen, dieses und jenes zu unternehmen, und erwecken den Eindruck höchster Aktivität in der Abwehr der Gefahr. Oder wenn sie eine wissenschaftliche Arbeit zu schreiben haben, sitzen sie nicht träumend vor ihrem Schreibtisch, sondern bestellen sich Dutzende von Büchern aus der Bibliothek, besprechen sich mit allen möglichen Fachleuten, deren Meinung wichtig sein könnte, machen Reisen zum Studium gewisser Probleme und schützen sich so vor der Einsicht, daß sie sich ohnmächtig fühlen, die erwartete Leistung zu vollbringen. Eine andere Form der Scheinaktivität äußert sich in

Dingen wie der „Vereinsmeierei", in der fortwährenden Bekümmerung um andere Menschen oder auch nur im Kartenspielen oder langen Stammtischunterhaltungen. Es ist oft recht schwer, die Grenze zwischen dieser scheinbaren und der echten Aktivität zu ziehen. Ganz allgemein läßt sich sagen, daß sich die Geschäftigkeit immer auf Dinge erstreckt, die im Verhältnis zum zu lösenden Problem nebensächlich und untergeordnet sind, und daß die Geschäftigkeit keine Beziehung zu den fundamentalen Zügen der zu lösenden Aufgabe hat. Im Falle des Neurotikers ist der Gegensatz zwischen echter Aktivität und Geschäftigkeit sehr viel leichter zu erkennen als im Falle des gesunden, realitätsangepaßten Menschen. Hier ist es gewöhnlich so, daß er Aufgaben zu lösen hat, zu deren Vollbringung im Grunde nicht mehr als eine bestimmte Routine gehört, und die eine echte Aktivität gar nicht erfordern. Der gegenwärtige Mensch sieht sich einer Reihe von Aufgaben und Problemen gegenüber, zu deren routinemäßiger Lösung er von früh auf trainiert ist, und weil niemand etwas anderes von ihm erwartet, wird auch das Bewußtsein seiner faktischen Ohnmacht nie so quälend, daß er es durch ein extremes und lächerliches Ausmaß an Geschäftigkeit verdecken müßte. Was unter gesellschaftlichem Maßstab gesehen als Aktivität erscheint, mag psychologisch gesehen als Geschäftigkeit aufgefaßt werden, und häufig wird man sich überhaupt nicht darüber einigen können, ob ein Verhalten der einen oder anderen Kategorie zuzuschreiben ist.

Eine noch radikalere Reaktionsbildung gegen das Ohnmachtsgefühl ist das Streben nach Kontrolle und Führung in jeder Situation. In vielen Fällen bleibt dieser Wunsch rein auf die Phantasie beschränkt. Menschen ergehen sich dann in Phantasien darin, wieviel besser sie ein Unternehmen oder eine Universität leiten würden als die faktischen Leiter, oder sie stellen sich als Diktatoren eines Staates oder der gesamten Menschheit vor und schwelgen in diesen Phantasien. Oder es kommt nicht zur Ausbildung von solchen elaborierten Phantasien, sondern die Größenideen bleiben vage und sind den Betreffenden wenig bewußt. In solchen Fällen findet man bewußt häufig nur die Erwartung, allen Menschen, mit denen man zusammenkommt, überlegen zu sein, oder, wenn auch noch diese Erwartung verdrängt ist, eine Wutreaktion, wenn man mit Menschen zusammentrifft, denen gegenüber man seine Überlegenheit nicht durchsetzen kann. Wenn auch diese Wutreaktion verdrängt ist, so ist gewöhnlich nichts sichtbar als eine gewisse Gehemmtheit und Schüchternheit gegenüber denen, die den Vorrang beanspruchen können. Gleichgültig, ob nun die Größenideen mehr oder weniger elaboriert und mehr oder weniger bewußt sind, ihre Häufigkeit und ihre Intensität, speziell beim Angehörigen der bürgerlichen Mittelschichten und besonders bei Intellektuellen, lassen sich kaum überschätzen. Da die Menschen immer wieder ernüchtert aus solchen Träumereien aufwachen, erfüllen diese ihre Funktion, das vorhandene Ohnmachtsgefühl zu kompensieren, nur sehr unvollkommen. Anders ist es schon, wenn der Wunsch nach Kontrolle und Macht sich nicht nur auf Phantasien beschränkt, sondern sich im Verhalten in der Wirklichkeit ausdrückt. Wenn es gelingt, ihre faktische Ohnmacht im großen durch faktische Macht im kleinen zu ersetzen, so wird häufig ein Gleichgewicht hergestellt, das für ein Leben lang anhalten kann. Der häufigste Fall dieser Art sind Männer, wie wir sie besonders im europäischen Kleinbürgertum finden, die in ihrer gesellschaftlichen und ökonomischen Existenz völlig ohnmächtig sind, aber ihren Frauen, Kindern und vielleicht dem Hund gegenüber einen intensiven Wunsch nach Macht und Kontrolle haben und imstande sind, ihn auch zu realisieren und zu befriedigen. In neurotischen Fällen finden wir gewöhnlich, daß die Teilung der Welt in eine Sphäre, wo man ohnmächtig, und eine, wo man mächtig ist, nicht gelingt. Der Neurotiker empfindet den Wunsch nach Kontrolle und Macht in jeder Situation, auch dort, wo ihre Ausübung unmöglich ist. Es ist ihm unerträglich, einen Vorgesetzten zu haben, er hat immer das Gefühl, alles besser zu verstehen und besser zu machen, er will in jeder Unterhaltung die dominierende Rolle spielen, in jeder Gesellschaft die anderen beherrschen. Aus diesem verstärkten Wunsch nach Kontrolle und Macht heraus werden auch Situationen, die für einen anderen Menschen gar kein Beweis seiner eigenen Unzulänglichkeit sind, zu solchen, die er als beschämende Niederlagen empfindet. In extremen Fällen, die jedoch recht häufig sind, bedeutet jede Konstellation, in der er nicht führend und kontrollierend ist, eine Niederlage und einen Beweis seiner Ohnmacht. Es kommt zu einem *circulus vitiosus*. Der verstärkte Wunsch nach Kontrolle und Macht ist zur gleichen Zeit eine Reaktion auf das Ohnmachtsgefühl und die Wurzel für seine Verstärkung.

Die Verdrängung des Ohnmachtsgefühls entfernt zwar, wie jede andere Verdrängung, das Gefühl aus dem Bewußtsein, hindert es aber nicht daran, zu existieren und bestimmte Wirkungen zu haben. Zwar hängt deren Art davon ab, ob das Ohnmachtsgefühl bewußt ist oder nicht, ihre Stärke aber wird im wesentlichen nur von seiner Intensität bedingt.

Die wichtigste und allgemeinste Folge des Ohnmachtsgefühls ist Wut, und zwar eine Wut, die besonders durch ihre Ohnmächtigkeit gekennzeichnet ist. Ihr Ziel ist nicht, wie bei anderen Arten der Wut, die aktive und zielbewußte Vernichtung des Feindes, sondern sie ist viel vager, unbestimmter, aber auch viel destruktiver gegen die Außenwelt und gegen das eigene Selbst gerichtet. Bei Kindern drückt sich das häufig im Strampeln aus, bei Erwachsenen im Weinen, manchmal aber auch in einem Wutanfall, dem jede Zielgerichtetheit und Beziehung zur Aktion fehlt. Gewöhnlich allerdings ist die ohnmächtige Wut nicht bewußt. Sie wird häufig durch trotziges und eigensinniges Verhalten ausgedrückt beziehungsweise ersetzt. Dieser Trotz kann ganz bewußt sein. Hierher gehören Menschen, die sich nie einer Anordnung fügen können, die immer widersprechen müssen, nie zufrieden sind und so fort. Er kann auch unbewußt sein, und dann entsteht gewöhnlich das Bild einer allgemeinen Gehemmtheit. In solchen Fällen haben die betreffenden Menschen bewußt den besten Willen, aktiv zu sein und das zu tun, was andere von ihnen oder sie von sich selbst erwarten. Aber sie sind trotz allen guten Willens ständig unlustig, mißgestimmt und zu keiner Initiative fähig. Sind nicht nur die Wut und der Trotz aus dem Bewußtsein verdrängt, sondern an der Wurzel gebrochen und umgebogen, dann findet man häufig eine Reaktionsbildung, die sich als Überfreundlichkeit und Übergefügigkeit äußert.

Die Folge der Wut ist immer Angst. Je mehr die Wut verdrängt ist, desto größer ist die Angst. Auf die komplizierten Mechanismen, die hierfür verantwortlich sind, können wir an dieser Stelle nicht eingehen. Als wichtigsten wollen wir die Projektion der eigenen Wut auf andere hervorheben. Um die Verdrängung der eigenen Wut zu sichern, wird das Gefühl erzeugt, das sich in dem Motto ausdrücken läßt: „Nicht ich bin auf andere wütend, sondern andere auf mich." Die Folge davon ist das Gefühl, von anderen gehaßt oder verfolgt zu werden, und die Folge hiervon ist Angst. Neben diesem indirekten Weg über die Verdrängung der Wut wird die Angst auch direkt aus dem Ohnmachtsgefühl gespeist. Das Gefühl, seine Ziele nicht durchsetzen zu können und vor allem gegen Angriffe von anderen wehrlos zu sein, erzeugt notwendigerweise immer neue Angst. Das Ohnmachtsgefühl schafft Angst, die Angst aber verstärkt ihrerseits wieder das Ohnmachtsgefühl. Dieser Zirkel ist dafür verantwortlich, daß in so vielen Fällen ein einmal vorhandenes Ohnmachtsgefühl, statt allmählich zu verschwinden, immer stärker wird, und die Menschen gleichsam mit jedem Schritt tiefer in den Sumpf geraten.

Ein besonders günstiges Beobachtungsfeld für das Ohnmachtsgefühl und die verschiedenen Formen seiner Verdeckung oder Versuche zu seiner Überwindung bietet die psychoanalytische Situation. Manche Analysanden dieser Art werden dem Analytiker wieder und wieder klarmachen, daß sie sich nicht ändern können, weil sie schon zu alt seien, weil die Neurose in ihrer Familie erblich sei, weil sie nicht die Zeit hätten, die Analyse lange genug durchzuführen, oder was sonst immer als Rationalisierung gefunden werden kann. Häufiger als das offene Gefühl der Ohnmacht und der Aussichtslosigkeit der analytischen Bemühungen sind die Fälle, wo im Bewußtsein ein gewisser Optimismus und eine positive Erwartung vorherrschen. Der Analysand hat das Gefühl, er wolle sich ändern und könne es auch, aber wenn man näher zusieht, entdeckt man, daß er alles andere erwartet, nur nicht, daß er selbst dazu etwas tun könne. Seine grundlegende Erwartung ist die, daß der Analytiker oder „die Analyse" das Entscheidende für ihn tun müßten und daß er im Grunde passiv diese Prozedur über sich ergehen lassen könne. Sein wirklicher Unglaube an irgendeine Veränderung wird häufig durch die oben dargestellten tröstenden Rationalisierungen verdeckt. Er erwartet, daß ganz plötzlich, wenn es nur gelinge, das „infantile Trauma" herauszufinden, die große Wandlung mit ihm vorgehen werde. Oder er richtet sich auf Zeiträume von mehreren Jahren ein und hat nach fünf Jahren erfolgloser Analyse das Gefühl, man habe eben nur noch nicht lange genug analysiert, um etwas ändern zu können. Wir finden auch in der analytischen Situation die verdeckende und überkompensierende Geschäftigkeit wieder. Solche Analysanden sind äußerst pünktlich, lesen alle erreichbare Literatur, machen bei allen ihren Freunden Propaganda für die Analyse, treffen dieses oder jenes Arrangement im Leben, weil das „gut für die Analyse sei", und alles dies, um vor sich selbst zu verbergen, daß sie in den fundamentalen Fragen ihrer Persönlichkeit nichts zu ändern bereit beziehungsweise imstande sind.

Eng verknüpft hiermit ist ein Verhalten im Sinne der „magischen Geste". Analysanden, bei denen das eine große Rolle spielt, sind besonders darauf bedacht, „alles richtig zu machen". Sie fügen sich den Anordnungen des Analytikers aufs genaueste, und je mehr Regeln und Vorschriften er macht, desto zufriedener sind sie. Sie haben das Gefühl, daß, wenn sie nur das analytische Ritual getreu befolgen, diese Folgsamkeit in magischer Weise die Veränderung ihrer Persönlichkeit bewirken werde.

Es mag an dieser Stelle ein kleiner Exkurs über ein Problem der analytischen Technik gestattet sein. Wenn unsere eingangs geäußerte Annahme richtig ist, daß das Ohnmachtsgefühl, wenn auch in gemilderter Form, bei sehr vielen Menschen unserer Kultur vorhanden ist, dann ist es nur natürlich, wenn es sich bei einer Reihe von Psychoanalytikern selbst findet. In solchen Fällen ist es nicht nur der Patient, der im Grunde davon überzeugt ist, daß er sich nicht ändern kann, sondern der Analytiker ist der gleichen, wenn auch ganz unbewußten Überzeugung, daß man keinen Menschen beeinflussen könne. Hinter seinem bewußten beruflichen Optimismus steckt ein tiefer Unglaube an die Möglichkeit irgendwelchen verändernden Einflusses auf Menschen. Er scheut sich geradezu einzugestehen, daß die analytische Therapie eine Beeinflussung des Menschen sei. Gewiß sollte sie keine Beeinflussung in dem Sinne sein, ihn zu bestimmten Anschauungen oder Handlungen zu veranlassen. Aber man vergißt, daß alles Heilen, wie auch alles Erziehen, immer eine Beeinflussung voraussetzt, und daß, wo es in phobischer Weise vermieden wird, auch mit Notwendigkeit der Erfolg ausbleibt. Eine besondere Rolle spielt bei manchen Analytikern die Verdeckung des eigenen Ohnmachtsgefühls durch die magische Geste. Es scheint, als ob, ebenso wie für manche Patienten, auch für sie selbst die korrekte Durchführung des analytischen Rituals der Kernpunkt der ganzen Prozedur sei. Wenn sie nur getreulich allen Vorschriften von Freud gefolgt sind, meinen sie, alles getan zu haben, was möglich ist, und ihre wirkliche Ohnmacht, den Patienten zu beeinflussen, braucht ihnen nicht ins Bewußtsein zu kommen. Wir möchten annehmen, daß die absonderliche Wichtigkeit, die für Analytiker dieses Typs das analytische Zeremoniell hat, letzten Endes auf ihr eigenes Ohnmachtsgefühl zurückgeht. Das Zeremoniell wird zum magischen Ersatz für die faktische Beeinflussung des Patienten. (...)

Wir haben uns bei der Beschreibung des Ohnmachtsgefühls und der aus ihm stammenden Folgeerscheinungen vorwiegend an die neurotischen Erscheinungsformen gehalten, weil sie ein deutlicheres Bild des zu beschreibenden Phänomens geben als die „normalen". Bei der Beschreibung der Entstehungsbedingungen ist es zweckmäßiger, uns an jene allgemein in der bürgerlichen Gesellschaft vorhandenen Bedingungen zu halten, deren Steigerung im Einzelfall zu den oben geschilderten neurotischen Erscheinungsformen des Ohnmachtsgefühls führt und deren durchschnittliches Auftreten wir als Bedingung für das normale Ohnmachtsgefühl im gegenwärtigen Menschen vermuten dürfen.

Wir müssen erwarten, daß ein so tief liegendes und intensives Gefühl wie das der Ohnmacht nicht erst in späteren Lebensjahren entsteht, sondern daß Erlebnisse in der allerfrühesten Kindheit für seine Entstehung verantwortlich zu machen sind. Diese Erwartung wird rasch bestätigt, wenn man sich die Situation des Kindes in der bürgerlichen Familie unter den uns hier interessierenden Gesichtspunkten ansieht. Das Verhalten des Erwachsenen zum Kind läßt sich dahin charakterisieren, daß das Kind im letzten Grunde nicht ernstgenommen wird. Dieser Tatbestand ist offenbar in den Fällen, in denen Kinder vernachlässigt und ausgesprochen schlecht behandelt werden. Hier haben die Eltern die ganz bewußte Meinung, daß das Kind nichts gilt, sie wollen seinen eigenen Willen und seine eigene Persönlichkeit unterdrücken, das Kind ist für sie ein willenloses Instrument ihrer Willkür, und es darf in keiner Weise etwas zu bestellen haben. In extremen Fällen trägt es ihm schon Strafe ein, wenn es auch nur wagt, einen Wunsch zu äußern; aber daß es selbst etwas anordnen, die Eltern in ihren Entschlüssen beeinflussen, selbständig irgend etwas erreichen könnte, liegt ganz außerhalb auch nur der Denkmöglichkeiten in dieser Konstellation.

Schwerer durchschaubar, aber nicht weniger folgenschwer ist jenes Nichternstnehmen des Kindes, das sich hinter Verzärtelung und Verwöhnung versteckt. Solche

Kinder werden gewiß beschützt und behütet, aber die Entfaltung ihrer eigenen Kräfte, beziehungsweise des Gefühls dafür, selbst Kräfte zu haben, wird mehr oder weniger vollständig gelähmt. Sie erhalten alles, was sie brauchen, im Überfluß, sie dürfen sich auch alles wünschen, dürfen alles sagen, was sie wollen. Ihre Situation gleicht aber im Grunde der eines gefangenen Prinzen. Auch dieser hat alle Genüsse im Überfluß und viele Diener, denen er Befehle geben kann. Und doch ist alles unwirklich und gespensterhaft, denn seine Befehle haben nur Geltung, solange sie nicht den Rahmen seines Gefängnisses sprengen. Alle seine Macht ist eine Illusion, die er dann am besten aufrechterhalten kann, wenn er gar nicht mehr daran denkt, ein Gefangener zu sein, und gar nicht mehr wünscht, die Freiheit zu gewinnen. Er kann zwar seinen Untergebenen befehlen, daß sie ihn aufs pünktlichste bedienen; wollte er ihnen aber gebieten, sie sollten das Tor des Schlosses öffnen, in dem er gefangen ist, so würden sie sich verhalten, als habe er überhaupt nichts gesagt. Ob nun so extreme Fälle der Verwöhnung oder der durchschnittliche Fall des „liebevoll" behandelten Kindes vorliegen, macht nur einen Unterschied im Grad des Nichternstnehmens aus. Gemeinsam ist in allen Fällen, daß das Kind aus eigenem Recht nichts anordnen, nichts vollbringen, nichts beeinflussen, nichts verändern kann. Es kann viel von dem, was es will, bekommen, wenn es lieb und brav ist, aber es kann nichts bekommen, was ihm nicht gegeben wird, und es kann nichts erreichen, ohne daß der Erwachsene sich einschaltet.

Dieses Nichternstnehmen drückt sich gewöhnlich keineswegs in dramatischen und auf den ersten Blick auffallenden Formen aus. Man muß nach sehr subtilen Eigenheiten des Verhaltens der Erwachsenen suchen, um den hier gemeinten Einfluß zu verstehen. Das leichte und kaum wahrnehmbare Lächeln, wenn das Kind etwas Selbständiges sagt oder tut, kann eine ebenso niederschmetternde Wirkung haben wie die gröbsten Versuche, seinen Willen zu brechen. Ja, häufig ist es so, daß, wo sich die Eltern feindselig zeigen, das Kind gleichfalls eine Opposition entwickelt, die ihm erlaubt, sich von den Eltern zu lösen und ein selbständiges Leben zu beginnen, während die Freundlichkeit der Eltern das Kind an der Entfaltung jeder prinzipiellen Opposition hindert und es nur um so hilfloser und ohnmächtiger macht. Man findet nicht selten in Analysen, daß sich Menschen daran erinnern, welche ohnmächtige Wut sie als Kinder hatten, wenn sie über die notwendige Zeit hinaus in die Schule begleitet wurden, beim Anziehen geholfen bekamen, wenn sie nicht mitbestimmen durften, welche Art Kleider sie tragen wollten, wann es Zeit war, sich wärmer oder leichter anzuziehen.

Noch in einer Reihe von anderen typischen Verhaltensweisen kommt das Nichternstnehmen des Kindes zum Ausdruck. Versprechen, die dem Kind gegeben werden, werden nicht gehalten, bestimmte Fragen nicht ernstgenommen oder unaufrichtig beantwortet. Anordnungen werden gegeben, ohne daß dem Kind ihr Grund gesagt wird. Dies alles kann in der freundlichsten Weise geschehen, dem Kind bleibt aber das Gefühl, daß man nicht mit ihm rechnet und daß man sich im Grunde alles gegen es erlauben kann. Selbst da, wo Versprechen gehalten und Antworten gegeben werden, aber wo der Erwachsene das Gefühl hat, sein Verhalten stelle eine besondere Freundlichkeit oder ein besonderes Entgegenkommen dar, ist der Eindruck auf das Kind kein anderer. Es fühlt sich nur dann ernstgenommen, wenn der Erwachsene sich ihm gegenüber ebenso verpflichtet fühlt, aufrichtig und zuverlässig zu sein, wie er das anderen Erwachsenen gegenüber ist, die er respektiert. Als ein Symbol für die hier gemeinte Situation des Kindes hat uns immer ein bestimmtes Spielzeug beeindruckt, nämlich ein Spieltelefon. Es sieht aus wie ein richtiges Telefon, das Kind kann den Hörer abnehmen und die Nummern wählen, nur verbindet es mit niemand. Das Kind kann niemanden erreichen, und obwohl es genau dasselbe tut wie der telefonierende Erwachsene, bleibt seine Handlung ohne jede Wirkung und ohne jeden Einfluß.

Wenn auch extreme Fälle des Nichternstnehmens des Kindes auf individuelle Umstände zurückzuführen sind, so hat doch die geschilderte Haltung ihre Wurzel in der gesamten gesellschaftlichen und der durch sie bestimmten seelischen Konstellation. Der erste hier zu erwähnende Faktor ist die scharfe Trennung des Kindes von der Realität des Lebens, eine Trennung, die allerdings in geringerem Maße für das proletarische und das Bauernkind gilt. Das bürgerliche Kind wird ausgesprochen davor behütet, mit der Realität in Berührung zu kommen; seine Welt gewinnt damit notwendig einen illusionären, ja gespensterhaften Charakter. Das Kind wird gelehrt, die Tugenden von Bescheidenheit, Anspruchslosigkeit, Nächstenliebe zu entwickeln. Für die große Mehrzahl der Menschen ist es nötig, daß sie sich fügen können, daß sie ihre Ansprüche auf eigenes Glück reduzieren und bis zu einem gewissen Grade tatsächlich jene Tugenden verkörpern. Für die kleine Gruppe derjenigen, aus denen die tüchtigen Geschäftsleute und alle anderen Arten von Erfolgreichen erwachsen, dürfen diese Regeln jedoch nicht gelten. Sie müssen anspruchsvoll und rücksichtslos sein, wenn sie Erfolg haben wollen. Aber das Geheimnis, das zum Erreichen dieses Erfolgs nötig ist, alles das, was den Kindern gepredigt wird zu vergessen, entdecken die Söhne der „Elite" schon zur rechten Zeit. Der großen Masse darf diese Entdeckung nicht gelingen. Die meisten bleiben daher ihr Leben lang verwirrt und verstehen gar nicht, was eigentlich im gesellschaftlichen Leben vor sich geht. Bei vielen führt der Widerspruch zwischen dem Wunsch nach Erfolg und dem Wunsch nach Erfüllung der ihnen in der Kindheit gelehrten Ideale zu neurotischen Erkrankungen. Für das Verhalten der Erwachsenen zum Kind ist das regelmäßige Resultat, daß es gar nicht ernstgenommen werden kann, weil es ja noch dumm ist, das heißt, von den Spielregeln des Lebens, in dem die Erwachsenen stehen, nichts weiß.

Das Kind wird nicht ernstgenommen, ebensowenig wie die Kranken und Alten trotz aller entgegengesetzten Ideologien. In der gegenwärtigen Gesellschaft beruht der Wert des Menschen auf seiner ökonomischen Leistungsfähigkeit. Das Maß an Respekt, das ihm entgegengebracht wird, hängt von dem Ausmaß seiner ökonomischen Kapazität ab. Menschen, die ökonomisch keine Potenz darstellen, sind letzten Endes auch menschlich unbeachtlich. Wenn man das Verhalten zu alten Menschen oder im Umgang mit Kranken in Hospitälern etwas näher beobachtet, dann entdeckt man die gleiche Skala in den Verhaltensweisen wieder, die auch dem Kind gegenüber vorhanden sind. Von brutaler Nichtachtung bis zur überfreundlichen Hilfsbereitschaft finden sich alle Gefühlsskalen.

Das Nichternstnehmen des Kindes wird mit seiner biologischen Hilflosigkeit begründet. Gewiß ist das Kind relativ lange hilflos und auf die Erwachsenen angewiesen. Diese Hilflosigkeit erweckt aber in Erwachsenen nur zum Teil die Tendenz der Ritterlichkeit oder der Mütterlichkeit, zum anderen Teil vielmehr Tendenzen, das Kind eben wegen dieser Hilflosigkeit bewußt oder unbewußt zu verachten und zu demütigen. Diese Tendenzen, die man im weiteren Sinne als sadistische bezeichnen kann, sind ihrerseits in der Rolle des Erwachsenen im gesellschaftlichen Prozeß begründet. Wenn er Mächten ausgeliefert ist, denen gegenüber er keinerlei Kontrolle hat, so entwickelt sich die Tendenz als Kompensation dieser Ohnmacht, sich stark und überlegen gegenüber denen zu empfinden, die schwächer sind als er. In der großen Mehrzahl der Fälle ist der Sadismus als solcher ganz unbewußt und äußert sich nur in der Tendenz, die biologische Hilflosigkeit des Kindes überzubetonen, und in jenem Nichternstnehmen des Kindes, von dem die Rede ist.

Die Bedingungen für das Ohnmachtsgefühl des Kindes finden ihre Wiederholung auf höherer Ebene im Leben des Erwachsenen. Gewiß fehlt hier das Moment des ausgesprochenen Nichternstnehmens. Im Gegenteil, dem Erwachsenen wird gesagt, er könne alles erreichen, was er wolle, wenn er es nur wirklich wolle und sich anstrenge, und er sei ebenso für seinen Erfolg wie für das Mißlingen selbst verantwortlich. Das Leben wird ihm als ein großes Spiel hingestellt, in dem in erster Linie nicht der Zufall, sondern eigenes Geschick, eigener Fleiß und eigene Energie entscheiden. Diesen Ideologien stehen die faktischen Verhältnisse schroff gegenüber. Der durchschnittliche Erwachsene unserer Gesellschaft ist tatsächlich ungeheuer ohnmächtig, und diese Ohnmacht wirkt noch um so drückender, als er ja glauben gemacht wird, es müßte eigentlich ganz anders sein und es sei sein Verschulden, wenn er so schwach sei. Er hat gar keine Macht, sein eigenes Schicksal zu bestimmen. Schon welche Fähigkeiten er entwickeln kann, ist ihm vom Zufall der Geburt vorgeschrieben; ob er überhaupt Arbeit bekommen, welchen Beruf er wählen kann, wird im wesentlichen von Faktoren bestimmt, die von seinem Willen und seiner Anstrengung unabhängig sind. Selbst in der Freiheit der Wahl seines Liebespartners ist er durch enge ökonomische und soziale Grenzen eingeschränkt. Gefühle, Meinungen, Geschmack werden ihm eingehämmert, und jede Abweichung bezahlt er mit verstärkter Isolierung. Die Statistik kann ihm zeigen, ein wie kleiner Prozentsatz von denen, die mit der Illusion beginnen, die Welt stehe ihnen offen, auch nur eine gewisse Unabhängigkeit und ökonomische Sicherheit erreichen. (...)

Der Umstand, daß der gegenwärtige Mensch über die sein Verhalten bestimmenden seelischen Antriebe nicht Bescheid weiß, findet seine Entsprechung darin, daß er die die wirtschaftliche Entwicklung bestimmenden Kräfte in der durch den Markt regulierten Wirtschaft nicht kennt und sie ihm als undurchschaubare Schicksalsmächte erscheinen. In der gegenwärtigen Gesellschaft bedarf es zum Unterschied von anderen Wirtschaftsformen einer besonderen Wissenschaft der politischen Ökonomie, um zu verstehen, wie sie funktioniert. Es bedarf ganz entsprechend der Psychoanalyse, um das Funktionieren der individuellen Persönlichkeit, das heißt, um sich selbst zu verstehen. Das Ohnmachtsgefühl wird durch den Umstand außerordentlich verstärkt, daß sowohl die komplizierten Vorgänge ökonomischer und politischer Art als auch die seelischen Vorgänge undurchsichtig sind. Auch wenn er zu wissen glaubt, was vorgeht, so ändert diese Illusion doch nichts daran, daß ihm die Orientierung über die in der Gesellschaft und in ihm selbst wirkenden fundamentalen Kräfte nahezu völlig fehlt. Er sieht hundert Einzelheiten, hält sich an die eine oder andere und versucht, von einer aus das Ganze zu verstehen, um nur immer wieder von neuen Einzelheiten überrascht und verwirrt zu werden.

Da die erste Bedingung zum aktiven Handeln und Beeinflussen des eigenen Schicksals wie des der Gesellschaft die richtige Einsicht in die entscheidenden Kräfte und Konstellationen ist, haben die Unkenntnis und der Mangel an Einsicht die Folge, das Individuum ohnmächtig zu machen, und diese Ohnmacht wird auch innerlich von ihm registriert, selbst wenn es sich mit allen möglichen Illusionen verzweifelt dagegen wehrt, sie zu registrieren. Das Nichtverfügen über eine richtige gesellschaftliche und, soweit das Individuum in Frage kommt, psychologische Theorie ist eine wichtige Quelle für das Ohnmachtsgefühl. Theorie ist die Bedingung für das Handeln. Aber die Existenz der Theorie und selbst der leichte Zugang zu ihr befähigen die Menschen noch nicht ohne weiteres zum aktiven Handeln.

7
„Den Unterschied zwischen dem Authentischen und dem Fassadenhaften sehen"

Wir alle sollten den Unterschied zwischen dem, was authentisch und echt ist, und dem, was pure Fassade ist, zu erkennen lernen. Die Fähigkeit, diese beiden Dinge unterscheiden zu können, hat heute merklich abgenommen. Die meisten Menschen halten Worte für die Realität, was bereits eine für verrückte Menschen typische Verwechslung ist. Die meisten Menschen sehen aber auch nicht mehr den Unterschied zwischen dem Authentischen und dem Fassadenhaften, obwohl sie unbewußt den Unterschied sehr wohl wahrnehmen.

Nehmen wir an, jemand sieht eine Rose und stellt fest: „Das ist eine Rose" oder „Ich sehe eine Rose". Sieht er die Rose wirklich? Manche tun es wirklich, aber die meisten tun es nicht. Welche Erfahrung machen sie? Sie sehen einen Gegenstand (die Rose) und stellen fest, daß der von ihnen gesehene Gegenstand unter den Begriff „Rose" fällt und daß ihre Feststellung: „Ich sehe eine Rose" aus diesem Grund richtig ist. Obgleich es den Anschein hat, daß der Nachdruck hier auf dem Akt des Sehens liegt, handelt es sich in Wirklichkeit um ein rein kognitives Erfassen und dessen Verbalisierung. Der Mensch, der auf diese Weise feststellt, daß er eine Rose sieht, stellt in Wirklichkeit nur fest, daß er sprechen gelernt hat. Er hat gelernt, einen konkreten Gegenstand zu erkennen und mit dem richtigen Wort zu klassifizieren. Das Sehen ist hier kein wirkliches

Sehen, sondern seinem Wesen nach ein verstandesmäßiger Akt. Was ist Sehen dann aber in der wirklichen Bedeutung des Wortes?

Vielleicht kann ich es am besten erklären, wenn ich ein konkretes Beispiel anführe. Eine Frau, die in der Küche Erbsen enthülst hat, sagt zu einem Bekannten, den sie später am Morgen trifft, voller Begeisterung: „Ich habe heute morgen etwas Wunderbares erlebt: Ich habe zum erstenmal gesehen, daß Erbsen rollen." Viele, die so etwas hören, werden sich etwas unbehaglich fühlen und fragen, was mit der Frau los ist, die das sagt. Sie nehmen es als selbstverständlich hin, daß Erbsen rollen, und wundern sich nur darüber, daß jemand sich darüber wundern kann. Aber was sie wirklich erleben, wenn sie Erbsen rollen sehen, ist nur eine Bestätigung ihres verstandesmäßigen Wissens, daß runde Körper auf einer geneigten und relativ glatten Fläche rollen. Für sie bedeutet es, wenn sie Erbsen rollen sehen, nur eine Bestätigung ihres Wissens und keine vollständige Wahrnehmung der rollenden Erbsen durch den ganzen Menschen.

Auffallend ist der Unterschied zwischen dem Benehmen der Erwachsenen und der Einstellung eines zweijährigen Kindes zu einem rollenden Ball. Das Kind kann den Ball immer und immer wieder auf den Boden werfen und ihn hundertmal rollen sehen, ohne sich zu langweilen. Weshalb? Wenn man einen Ball rollen sieht und dies nur mit seinem Verstand aufnimmt, dann genügt das einmalige Erlebnis. Wenn man es zwei-, drei- oder fünfmal erlebte, würde es nichts Neues bringen. Mit anderen Worten, es langweilt uns, es immer wieder zu sehen. Für das Kind dagegen handelt es sich primär nicht um eine verstandesmäßige Erfahrung, sondern um den Spaß, den Ball rollen zu sehen, wie es ja auch manchen von uns noch immer

Spaß macht, bei einem Tennisspiel den Ball hin- und herhüpfen zu sehen.

Wenn wir uns eines Baumes, den wir sehen, voll bewußt sind, wenn wir ihn in seiner vollen Wirklichkeit, in seinem So-Sein sehen und auf sein So-Sein mit unserer ganzen Person antworten, dann machen wir eine Erfahrung, die die Voraussetzung dafür ist, den Baum malen zu können. Ob wir die technische Fertigkeit besitzen, das zu malen, was wir erleben, ist eine andere Frage, aber kein gutes Gemälde ist je geschaffen worden, wenn der Maler sich nicht zunächst seines besonderen Gegenstandes voll bewußt war und entsprechend darauf antwortete.

Um den Unterschied noch von einer anderen Seite aus zu verdeutlichen: Bei der rein begrifflichen Wahrnehmung besitzt der Baum keine Individualität, sondern ist nur ein Beispiel für die Gattung „Baum". Er ist nur die Repräsentanz einer Abstraktion. Beim vollen Gewahrwerden dagegen gibt es keine Abstraktion. Der Baum behält seine volle Konkretheit und damit seine Einzigartigkeit. Es gibt dann auf der Welt nur diesen einen Baum, mit dem ich in Beziehung trete, den ich sehe und auf den ich antworte. Der Baum wird zu meiner eigenen Schöpfung.

Normalerweise unterscheidet sich das, was wir erleben, wenn wir Menschen sehen, nicht von dem, was wir erleben, wenn wir Gegenstände sehen. Was geht vor sich, wenn wir einen bestimmten Menschen zu sehen glauben? Wir sehen zunächst nur nebensächliche Dinge: seine Hautfarbe, die Art, wie er gekleidet ist, seine soziale Stellung und Erziehung, ob er freundlich oder unfreundlich ist, ob er uns nützlich sein kann oder nicht. Was wir zuerst wissen wollen, ist, wie er heißt. Sein Name erlaubt uns, ihn zu klassifizieren, genauso wie wir eine Blume klassifizieren, indem wir sagen, daß es eine Rose ist. Die Art, wie wir ihn wahrnehmen, unterscheidet sich nicht allzusehr von der Art, wie er sich selbst wahrnimmt. Fragen wir ihn, wer er sei, wird er uns zunächst antworten, er heiße Jones. Geben wir ihm zu verstehen, daß wir damit immer noch nicht recht über ihn Bescheid wüßten, wird er vielleicht sagen, daß er verheiratet, Arzt und Vater von zwei Kindern sei. Wer dann immer noch nicht das Gefühl hat, diesen Mann zu kennen, dem fehlt es offensichtlich am nötigen Scharfsinn, oder er ist ungewöhnlich indiskret.

Wir sehen in der konkreten Person eine Abstraktion, genauso wie er in sich selbst und in uns eine Abstraktion sieht. Mehr wollen wir auch gar nicht sehen. Wir teilen die allgemeine Phobie, wir könnten einem Menschen zu nahe kommen, wir könnten durch die Oberfläche zu seinem Kern vorstoßen, deshalb sehen wir lieber nur wenig von ihm, nicht mehr als wir unbedingt für unser jeweiliges Vorhaben mit ihm sehen müssen. Diese Art des flüchtigen Kennens entspricht einem inneren Zustand der Gleichgültigkeit unserer Gefühle dem anderen Menschen gegenüber.

Aber das ist noch nicht alles. Wir sehen nicht allein den Betreffenden nur am Rande und auf eine oberflächliche Weise: Wir sehen ihn auch in vieler Hinsicht unrealistisch. Hieran sind in erster Linie unsere Projektionen schuld. Wir sind zornig, projizieren unseren Zorn auf die andere Person und glauben, sie sei zornig. Wir sind eitel und empfinden den anderen als eitel. Wir haben Angst und bilden uns ein, er habe Angst, und so weiter. Wir machen ihn zum Aufhänger für die vielen Kleider, die wir selbst nicht tragen möchten, und glauben trotzdem, das sei alles er, und merken nicht, daß es nur die Kleider sind, die wir ihm anziehen. Aber wir projizieren nicht nur, wir entstellen auch das Bild des anderen, weil unsere eigenen Emotionen uns unfähig machen, den anderen so zu sehen, wie er ist. Die drei wichtigsten Eigenschaften, die zu diesem Resultat führen, entsprechen den drei Grund-„Sünden" der buddhistischen Ethik: Gier, Torheit und Zorn. Es erübrigt sich, eigens zu betonen, daß wir einen anderen Menschen nicht objektiv sehen können, wenn wir aus Gier etwas von ihm haben wollen. Wir sehen ihn dann entstellt, ganz so wie ihn unsere Gier haben möchte, unser Zorn ihn zu sein zwingt und unsere Torheit ihn sich vorstellt.

Einen anderen Menschen wirklich sehen, heißt ihn objektiv, ohne Projektionen und ohne Entstellungen sehen, und das bedeutet, daß man in sich selbst jene neurotischen „Laster" überwindet, die unausweichlich zu Projektionen und Entstellungen führen. Es bedeutet, zur Wahrnehmung der inneren und äußeren Wirklichkeit voll zu erwachen. Nur wer jene innere Reife erreicht, wer seine Projektionen und Entstellungen auf ein Minimum reduzieren kann, wird kreativ leben.

Das Erlebnis, einen Menschen in seiner ganzen Wirklichkeit zu sehen, erscheint uns manchmal wie eine plötzliche Erfahrung und kann uns überraschen. Wir können einen Menschen schon hundertmal gesehen haben, und plötzlich, beim hundertsten Mal, sehen wir ihn ganz und haben das Gefühl, als hätten wir ihn zuvor nie richtig gesehen. Sein Gesicht, seine Bewegungen, seine Augen, seine Stimme gewinnen eine neue intensivere und konkretere Wirklichkeit durch den Unterschied, der zwischen unserem neuen Bild von ihm und dem früheren besteht. So können wir den Unterschied zwischen „sehen" und „sehen" lernen. Die gleiche Erfahrung können wir bei einer vertrauten Landschaft, einem weltbekannten Gemälde oder bei einem sonstwie bekannten Gegenstand machen.

Einen Menschen oder einen Gegenstand in seiner Totalität, in seiner ganzen Wirklichkeit zu sehen, ist die Voraussetzung für ein wirklichkeitsgerechtes Antworten. Die meisten Antworten sind – wie die Wahrnehmungen – unwirklich und rein verstandesmäßig. Wenn ich in der Zeitung von einer Hungersnot in Indien lese, reagiere ich kaum darauf, oder ich reagiere nur mit einem Gedanken – mit dem Gedanken, daß das einfach furchtbar ist, mit einem Gedanken des Bedauerns oder bestenfalls des Mitgefühls.

Etwas anderes ist es, wenn ich jemanden leidend vor mir sehe. Dann reagiere ich mit meinem Herzen, mit meinem ganzen Körper. Ich leide mit ihm, ich habe den Impuls, ihm zu helfen und folge diesem Impuls. Aber selbst wenn ich dem konkreten Leiden oder dem Glück eines Menschen gegenüberstehe, reagiere ich nur oberflächlich. Ich „denke" das in einem solchen Fall angebrachte Gefühl und tue auch das, was angebracht ist, bleibe aber trotzdem distanziert. Im realistischen Sinn reagieren und antworten bedeutet, daß ich mit allen meinen menschlichen Kräften, mit denen ich leiden, mich freuen, die Wirklichkeit verstehen kann, antworte. Ich antworte dann auf einen Menschen so, wie er ist; mein Erleben des anderen orientiert sich an dem, wie er ist und bestimmt meine Antwort. Ich reagiere nicht mit meinem Gehirn oder mit meinen Augen und Ohren. Ich antworte vielmehr mit meiner ganzen Person, so wie ich bin. Ich denke mit meinem ganzen Körper und sehe mit meinem Herzen. Antworte ich auf ein Objekt mit den realen in mir vorhandenen Kräften, mit allen, die eben die Fähigkeit zur Antwort haben, dann hört das Objekt auf, Objekt zu sein. Ich werde eins mit ihm und bin kein bloßer Beobachter mehr. Ich höre auf, sein Richter zu sein. Zu dieser Art von Antwort kommt es in einer Situation vollkommenen Bezogenseins, in der der Sehende und das Gesehene, Beobachter und Beobachtetes eins werden, obwohl sie gleichzeitig zwei bleiben.

Welches sind die Voraussetzungen für diese Einstellung, zu sehen und zu antworten, wahrzunehmen und ein Gespür für das Wahrgenommene zu haben? Die erste Voraussetzung (für ein authentisches Leben) ist die *Fähigkeit des Staunens*. Kinder besitzen diese Fähigkeit noch: Sie richten ihr ganzes Bemühen darauf, sich in einer neuen Welt zu orientieren, immer neue Dinge zu erfassen, um sie kennenzulernen. Sie sind verblüfft, überrascht und können staunen, und eben hierdurch können sie kreativ antworten. Haben sie jedoch einmal den Erziehungsprozeß durchlaufen, verlieren die meisten Menschen die Fähigkeit zum Staunen. Sie meinen, daß sie eigentlich alles wissen müßten, und daß Staunen ein Indiz ihrer Unbildung sein würde. Die Welt hört auf, voller Wunder zu sein – man nimmt sie als selbstverständlich hin. Die Fähigkeit zu staunen ist jedoch die Voraussetzung für alles Schöpferische in Kunst und Wissenschaft.

Der französische Mathematiker Raymond Poincaré formulierte einmal sehr treffend: „Wissenschaftliche Genialität ist die Fähigkeit, sich überraschen zu lassen." Viele wissenschaftliche Entdeckungen sind eben auf diese Weise zustande gekommen. Der Wissenschaftler beobachtet ein Phänomen, das schon viele andere vor ihm gesehen haben, ohne davon überrascht zu sein, ohne erstaunt innezuhalten. Er aber besitzt die Fähigkeit zu staunen; das Offensichtliche wird ihm zum Problem, seine Gedanken beginnen zu arbeiten, und das ist der Anfang einer Entdeckung. Zum schöpferischen Wissenschaftler macht ihn nur zum Teil seine Fähigkeit, das Problem zu lösen. Er verdankt es großenteils seiner Fähigkeit, sich über das zu wundern, was der durchschnittliche Wissenschaftler als selbstverständlich hinnimmt.

Die zweite Voraussetzung (für ein authentisches Leben)

ist die *Kraft, sich zu konzentrieren.* Dies ist in unserer westlichen Kultur eine Seltenheit. Wir sind immer beschäftigt, jedoch ohne Konzentration. Wenn wir etwas tun, denken wir bereits an das Nächste, an den Augenblick, wo wir mit dem, was wir gerade tun, aufhören können. Wir tun möglichst mehrere Dinge gleichzeitig. Wir frühstücken, hören Radio und lesen die Zeitung, und vielleicht unterhalten wir uns dabei auch noch mit unserer Frau und unseren Kindern.

Wir tun fünf Dinge gleichzeitig, und wir tun nichts richtig; „nichts" meint hier, daß es Ausdruck unserer eigenen Kräfte wäre. Wenn man wirklich konzentriert ist, dann ist das, was man gerade in diesem Augenblick tut, das Allerwichtigste auf der Welt. Wenn ich mich mit jemandem unterhalte, wenn ich etwas lese, wenn ich spazierengehe – wenn ich dies alles konzentriert tue, dann gibt es für mich nichts Wichtigeres als das, was ich hier und jetzt tue. Die meisten Menschen leben in der Vergangenheit oder in der Zukunft. Vergangenheit oder Zukunft gibt es aber gar nicht als reale Erfahrungen. Es gibt nur das Hier und Jetzt. Darum gilt auch, daß es wirkliche Wahrnehmung und wirkliches Antworten nur im Hier und Jetzt gibt – wenn man sich dem, was man jetzt im Augenblick tut, sieht und fühlt, hingibt.

Im Zusammenhang mit dem „ich" tue und fühle, gibt es noch das Problem, wie ich denn mein „Ich", mich selbst, erleben kann. Die *Fähigkeit zur Selbst-Erfahrung* ist eine weitere Bedingung für authentisches Leben. Bekanntlich ist „ich" eines der letzten Worte, die das Kind zu sprechen lernt, aber wenn es das Wort gelernt hat, benutzt es dies mit leichter Zunge. Wenn wir zum Beispiel eine Meinung äußern wollen, dann sagen wir, „ich glaube" das oder jenes. Analysiert man aber diese Meinung, dann kann man entdecken, daß der Betreffende nur äußert, was er von jemand anderem gehört, was er in der Zeitung gelesen hat oder was ihm seine Eltern beigebracht haben, als er noch ein Kind war. Er bildet sich ein, er selbst denke, während es richtiger wäre, wenn er sagte: „Es denkt in mir." Er macht sich etwa die gleichen Illusionen wie ein Plattenspieler, der – falls er denken könnte – sagen würde: „Ich spiele gerade die Mozartsinfonie", wo wir doch alle wissen, daß wir die Schallplatte auf den Plattenspieler aufgelegt haben und daß er nur das wiedergibt, was in ihn hineingegeben wurde.

Was für das Denken gilt, gilt auch für das Fühlen. Fragen wir zum Beispiel jemanden auf einer Cocktail-Party, wie er sich fühlt, dann antwortet er: „Ich fühle mich wohl und amüsiere mich köstlich." Beobachten wir ihn aber etwa beim Verlassen der Party, dann können wir entdecken, daß er plötzlich einen traurigen Eindruck macht und müde aussieht. Möglicherweise hat er in der darauffolgenden Nacht einen Traum, einen richtigen Alptraum. War er wirklich glücklich? Äußerlich betrachtet, scheint er es tatsächlich gewesen zu sein: Er sah sich trinken, lächeln und mit anderen unterhalten, die ebenfalls tranken, redeten, lächelten. Er folgerte, daß er glücklich sein und sich wohl fühlen müsse wie die anderen. Vielleicht fühlte er sich traurig, gelangweilt und gleichgültig, aber glaubt die Gefühle zu haben, die die Situation von ihm verlangte und die man bei einer solchen Gelegenheit von ihm erwartete.

Wer jedoch wirklich sein Ich, sein Selbst fühlt, der erfährt sich selbst als Zentrum seiner Welt, als den wahren Urheber seines Tuns. Das ist es, was ich unter Originalität verstehe. Es geht dabei primär nicht um Neuentdeckungen, sondern um ein Erleben, bei dem das Erlebnis in mir selbst seinen Ursprung hat.

Jeder Mensch braucht unbedingt ein Gefühl seiner selbst, ein Identitätsgefühl. Wir würden wahnsinnig, wenn wir nicht dieses „Selbst"-Gefühl hätten. Aber dieses Identitätsgefühl ist je nach der Kultur, in der wir leben, ein anderes. In einer primitiven Gesellschaft, wo der einzelne noch keine Individualität ist, kann man das „Ich"-Gefühl mit den Worten beschreiben: „Ich bin wir." Mein Identitätsgefühl besteht darin, daß ich mich mit der Gruppe identifiziere. In dem Maß wie der Mensch im Evolutionsprozeß fortschreitet und sich als Individuum bewußt wird, trennt sich sein Identitätsgefühl von der Gruppe. Er als eigenständiges Individuum muß sich jetzt als „Ich" fühlen können.

Es gibt viele Mißverständnisse bezüglich dieses „Selbst"-Gefühls. Manche Psychologen sind der Meinung, dieses Gefühl sei nur das Spiegelbild der gesellschaftlichen Rolle, die dem Betreffenden zugeteilt werde, es sei nur die Reaktion auf die Erwartungen, welche die anderen in ihn setzen. Wenn das auch erfahrungsgemäß die Art eines Selbst ist, wie es die meisten in unserer Gesellschaft erleben, so handelt es sich dabei nichtsdestoweniger um ein pathologisches Phänomen, das eine tiefe Unsicherheit und Angst und das zwanghafte Bedürfnis nach Konformität zur Folge hat. Man kann diese Angst und diesen Zwang sich anzupassen nur dadurch überwinden, daß man ein „Selbst"-Gefühl entwickelt, in welchem ich mich schöpferisch als Urheber meiner Taten erlebe. Das heißt jedoch keineswegs, egozentrisch oder narzißtisch zu werden. Ganz im Gegenteil kann ich mich nur im Prozeß des Bezogenseins auf andere als „Ich" erleben.

Wenn ich isoliert und ohne Beziehung zu anderen bin, dann erfüllt mich eine solche Angst, daß es mir völlig unmöglich ist, ein Gefühl für meine Identität und mein

Selbst zu entwickeln. Statt dessen empfinde ich eher das Gefühl, meine Person zu besitzen. Mein Besitz – das bin dann ich. Alles, was ich besitze, einschließlich meines Wissens, meines Körpers, meines Gedächtnisses, macht mein Ich aus. Es ist dies aber gerade keine Erfahrung des Selbst im oben beschriebenen Sinn. Mein Selbst ist dann ein „Selbst", das sich an meine Person als ein Ding, als einen Besitz klammert. Ein Mensch mit dieser Einstellung ist in Wirklichkeit ein Gefangener seiner selbst, der eingesperrt und daher unausweichlich voller Angst und ohne Glück ist. Um ein echtes Gefühl seines Selbst zu erlangen, muß er aus seiner Person ausbrechen. Er darf sich nicht länger an sich selbst als an ein Ding klammern. Er muß lernen, sich selbst im Prozeß kreativen Antwortens zu erleben; das Paradoxe dabei ist, daß er bei diesem Prozeß des Sich-selbst-Erlebens sich selbst verliert. Er transzendiert dann die Grenzen der eigenen Person, und im gleichen Augenblick, in dem er das Gefühl hat *„ich bin"*, hat er auch das Gefühl *„ich bin du". Ich bin eins mit der ganzen Welt.*

Eine weitere Voraussetzung (für ein authentisches Leben) ist die Fähigkeit, die sich aus Polaritäten ergebenden *Konflikte und Spannungen zu akzeptieren,* anstatt ihnen aus dem Wege zu gehen. Dieser Gedanke steht in völligem Widerspruch zu der heute gängigen Meinung, daß Konflikte möglichst zu vermeiden seien. Die gesamte moderne Erziehung läuft darauf hinaus, dem Kind die Erfahrung von Konflikten zu ersparen. Alles wird ihm leicht gemacht, jeder behandelt es mit Nachsicht. Die ethischen Normen werden so nivelliert, daß es nur selten Gelegenheit bekommt, den Konflikt zwischen Wunsch und Norm zu erleben. Es ist ein allgemein verbreiteter Irrtum, Konflikte seien schädlich und daher zu vermeiden. Das Gegenteil trifft zu. Konflikte sind die Quelle des Staunens, der Entwicklung der eigenen Kraft und dessen, was man als „Charakter" zu bezeichnen pflegte. Vermeidet man Konflikte, so wird man zu einer reibungslos laufenden Maschine, bei der jeder Affekt sofort ausgeglichen wird, bei der alle Wünsche automatisch ablaufen und alle Gefühle verflachen. Es gibt nicht nur Konflikte persönlicher und zufälliger Art, es gibt auch Konflikte, die tief in der menschlichen Existenz wurzeln. Ich meine damit den Konflikt, der durch die Tatsache entsteht, daß wir durch unseren Körper, durch dessen Bedürfnisse und schließliche Vernichtung dem Tierreich angehören, aber gleichzeitig dieses Tierreich und die Natur durch das Bewußtsein unserer selbst, durch unsere Vorstellungskraft und unsere Kreativität transzendieren.

Wir repräsentieren alle Möglichkeiten, welche die menschliche Rasse hat oder jemals haben wird, und doch realisieren wir in unserem kurzen Leben nur einen verschwindend kleinen Teil dieser Möglichkeiten. Wir schmieden Pläne und treffen Vorkehrungen und sind doch Zufällen unterworfen, die von unserem Willen und unserem Planen völlig unabhängig sind. Diese Konflikte gilt es, bewußt zu erkennen, sie tief zu erleben und sie nicht nur mit dem Verstand, sondern auch mit dem Gefühl zu akzeptieren. Werden sie verleugnet oder nur verstandesmäßig erlebt, so führt das zu einem oberflächlichen, nur am Rande verlaufenden Erleben.

Hinzuzufügen ist hier noch, daß wir nicht nur Konflikte, sondern auch Polaritäten zu ignorieren versuchen. Diese Polaritäten existieren auf vielen Ebenen. Auf individueller Ebene gibt es etwa die Polaritäten des Temperaments. Auf gesellschaftlicher Ebene ist die wichtigste Polarität die zwischen Mann und Frau. Was haben wir daraus gemacht? Auf Grund unserer falschen Vorstellung von der Gleichberechtigung, die mehr oder weniger auf Nivellierung hinausläuft, haben wir diese Polarität stark reduziert. Je mehr der Mensch sich in der modernen Gesellschaft in ein Ding verwandelt, desto mehr werden auch Mann und Frau zu Dingen und die zwischen ihnen bestehende Polarität wird reduziert. Mann und Frau haben sich heute praktisch angeglichen, und der Unterschied zwischen ihnen ist nur noch auf rein sexuellem Gebiet von Bedeutung. Bei diesem Prozeß wird auch die erotische Anziehung, die aus der kosmischen Polarität zwischen dem männlichen und dem weiblichen Pol entspringt, in ihrer Intensität stark reduziert. Liebe wird in gute Kameradschaft verwandelt und verliert dabei ihren echt erotischen und leidenschaftlichen Charakter.

Zweifellos haben wir in der modernen Kultur durch die Gleichberechtigung der Geschlechter einen großen Fortschritt miterlebt, und sogar in bezug auf die Durchführung der Gleichberechtigung der Rassen wurden schnelle Fortschritte gemacht. Aber wir können auf diese Errungenschaften nicht recht stolz sein. Obwohl sie in einer Hinsicht zweifellos etwas Gutes sind, haben wir sie andererseits mit einer Vernachlässigung der Unterschiede und Polaritäten bezahlt.

Ursprünglich hat man unter Gleichheit verstanden, daß wir alle gleich sind in dem Sinn, daß jeder Mensch eine Größe für sich ist und nicht zum Mittel für die Zwecke anderer gemacht werden darf. Oder – um es ins Religiöse zu übersetzen – daß jeder Mensch ein Kind Gottes ist und daß sich kein anderer Mensch zu seinem Gott oder Herrn machen darf. Gleichheit bedeutete, daß jeder von uns die gleiche menschliche Würde besitzt trotz aller bestehenden Unterschiede; sie besagte, daß wir das Recht haben, unsere Unterschiede zu entwickeln, und daß trotzdem keiner das Recht auf Unterschiede hat, die ihm zur Ausbeutung anderer dienen. Heute bedeutet Gleichheit Gleichförmigkeit in dem Sinne, daß man sich nicht von der Herde unterscheiden darf. Es herrscht die allgemeine Angst, Unterschiede könnten das Prinzip der Gleichheit gefährden.

(Authentisch zu leben ist die) Bereitschaft, täglich neu geboren zu werden. Tatsächlich handelt es sich ja bei der Geburt nicht um einen einzigen Prozeß, der sich abspielt, wenn das Kind sein fötales Dasein aufgibt und selbst zu atmen beginnt. Dieses Ereignis ist nicht einmal so entscheidend, wie es biologisch gesehen zu sein scheint. Wenn das Neugeborene auch selbst atmet, ist es doch noch genauso hilflos und von seiner Mutter abhängig wie vor der Geburt, als es noch ein Teil ihres Körpers war. Auch im Hinblick auf die biologische Entwicklung besteht die Geburt aus vielen Einzelschritten. Sie beginnt mit dem Verlassen des Mutterleibs, dann folgt das Verlassen der Mutterbrust, ihres Schoßes und ihrer Hände. Jede neu erworbene Fähigkeit, Sprechen, Laufen, Essen bedeutet gleichzeitig das Verlassen eines früheren Zustandes. Der Mensch wird von einer eigenartigen Dichotomie beherrscht. Er hat Angst, den früheren Zustand aufzugeben, der Sicherheit bedeutete, und möchte doch einen neuen Zustand erreichen, der ihm die Möglichkeit gibt, seine eigenen Kräfte freier und vollständiger zu gebrauchen. Er wird ständig hin- und hergerissen zwischen dem Wunsch, in den Mutterleib zurückzukehren, und dem Wunsch, ganz geboren zu werden. Jeder Geburtsakt erfordert den Mut, etwas loszulassen, den Mutterleib aufzugeben, ihre Brust und ihren Schoß zu verlassen und die Mutterhände loszulassen, um schließlich auf alle Sicherheiten zu verzichten und sich nur noch auf eines zu verlassen: auf die eigenen Kräfte, die Dinge wirklich wahrzunehmen und auf sie zu antworten.

Die Bereitschaft geboren zu werden – und das bedeutet die Bereitschaft, alle „Sicherheiten" und Illusionen aufzugeben – erfordert *Mut* und *Glauben:* Mut, die Sicherheiten aufzugeben; Mut, sich von den anderen zu unterscheiden und die Isolierung zu ertragen; Mut, wie es in der Bibel in der Geschichte Abrahams heißt, sein Vaterland und seine Familie zu verlassen und in ein noch unbekanntes Land zu gehen; Mut, sich um nichts zu kümmern als um die Wahrheit, und zwar um die Wahrheit nicht nur in bezug auf das eigene Denken, sondern auch in bezug auf das eigene Fühlen. Dieser Mut ist nur auf der Grundlage des Glaubens möglich, jedoch nicht eines Glaubens, wie man ihn heute gern versteht, als Glaube an eine Idee, die man wissenschaftlich oder verstandesmäßig nicht beweisen kann, sondern eines Glaubens wie im Alten Testament, wo das Wort für Glauben *(emuna)* soviel wie Gewißheit bedeutet. Der Realität des eigenen Erlebens im Denken und Fühlen sicher sein, darauf vertrauen und sich darauf verlassen können, das ist Glaube.

Literaturnachweise

Freud, S., 1930 a: *Das Unbehagen in der Kultur*, in: *Gesammelte Werke* (G. W.), Frankfurt: S. Fischer Verlag 1960, Band 14, S. 419–506.

Fromm, E.: *Gesamtausgabe in zwölf Bänden* (GA), hg. von Rainer Funk, Stuttgart und München (Deutsche Verlags-Anstalt) und München (Deutscher Taschenbuch Verlag) 1999:

- 1936 a: „Sozialpsychologischer Teil", GA I, S. 139–187.
- 1947 a: *Psychoanalyse und Ethik. Bausteine zu einer humanistischen Charakterologie*, GA II, S. 1–157.
- 1956 a: *Die Kunst des Liebens.* GA IX, S. 439–518.

Hartoch, A., 1956: „The Childs Reaction to the Rorschach Situation", in: L. B. Murphy, *Personality in Young Children*, Band I: *Methods for the Study of Personality in Young Children*, New York: Basic Books, 1956, S. 153–180.

Horney, K., 1937: *The Neurotic Personality of Our Time*, New York: W. W. Nortin and Co., 1937; deutsch: *Der neurotische Mensch unserer Zeit*, Stuttgart: J. G. Cotta'sche Buchhandlung Nachf., 1951.

Marx, K. (zusammen mit F. Engels): *Historisch-kritische Gesamtausgabe* (= MEGA). Werke – Schriften – Briefe, im Auftrag des Marx-Engels-Lenin-Instituts Moskau, hg. von V. Adoratskij, 1. Abteilung: Sämtliche Werke und Schriften mit Ausnahme des Kapital, zit. I, 1–6, Berlin 1932; – Karl Marx und Friedrich Engels: *Werke* (= MEW), hg. vom Institut für Marxismus-Leninismus beim ZK der SED, Berlin (Dietz Verlag):

- *Das Kapital (1894)*, 3 Bände, MEW 23 bis 25.
- *Die deutsche Ideologie*, MEGA 1, 5.

Paz, O., 1962: *The Labyrinth of Solitude*, New York: Grove Press, 1962.

Quellenvermerke

1 „Der Mensch erlebt sich selbst nicht mehr als etwas Eigenes"
Die moralische Verantwortung des modernen Menschen (1958 d, GA IX, S. 319–326) Copyright © by The Estate of Erich Fromm

2 „Die Fragen, nicht die Antworten machen das Wesen des Menschen aus"
Einleitung zu E. Fromm und R. Xirau, The Nature of Man (1968a, GA IX, S. 375–381) Copyright © by The Estate of Erich Fromm

3 „Freiheit – die authentische Realisierung der Persönlichkeit"
Einleitung zu E. Fromm und R. Xirau, The Nature of Man (1968 a, GA IX, S. 381–389) Copyright © by The Estate of Erich Fromm

4 „Das Selbst ist in dem Maße stark, wie es aktiv tätig ist"
Die Furcht vor der Freiheit (1941a, GA I, S. 367–372 und S. 358–366) – Abdruck mit freundlicher Genehmigung der Deutschen Verlags-Anstalt München

5 „Der Mensch verkauft nicht nur Waren, er verkauft sich selbst"
Die Furcht vor der Freiheit (1941a, GA I, S. 286–288; 292f.; 326–336); Wege aus der kranken Gesellschaft (1955 a, GA IV, S. 102f.); Die Furcht vor der Freiheit (1941a, GA I, S. 366) – Abdruck mit freundlicher Genehmigung der Deutschen Verlags-Anstalt München

6 „Der heutige Mensch ist vom Gefühl einer tiefen Ohnmacht erfüllt"
Zum Gefühl der Ohnmacht (1937a, GA I, S. 190–204) *Copyright © by The Estate of Erich Fromm*

7 „Den Unterschied zwischen dem Authentischen und dem Fassadenhaften sehen"
Therapeutische Aspekte der Psychoanalyse (1991d [1974]), GA XII, S. 302); Der kreative Mensch (1959 c, GA IX, S. 399–407) Copyright © by The Estate of Erich Fromm